体验阅读系列◆体验艺术

直击心灵的一瞬

◎总 主 编：张忠义

◎本书主编：易元明

花山文艺出版社

图书在版编目(CIP)数据

　　直击心灵的一瞬：体验艺术 / 易元明主编.－石家庄：花山文艺出版社，2005.4(2021.5 重印)

　　("读·品·悟"体验阅读系列 / 张忠义主编)

　　ISBN 978-7-80673-578-7

　　Ⅰ.①直... 　Ⅱ.①易... 　Ⅲ.①语文课—课外读物

Ⅳ.①G634.303

　　中国版本图书馆 CIP 数据核字(2005)第 020933 号

丛 书 名：**体验阅读系列**

总 主 编：**张忠义**

书　　名：**直击心灵的一瞬(体验艺术)**

主　　编：**易元明**

策　　划：**张采鑫**

责任编辑：于怀新

特约编辑：李文生

责任校对：李　鸥

全案设计：北京九洲鼎图书有限公司

出版发行：花山文艺出版社(邮政编码：050061)

　　　　　(河北省石家庄市友谊北大街 330 号)

销售热线：0311-88643221

传　　真：0311-88643234

印　　刷：永清县晔盛亚胶印有限公司

经　　销：新华书店

开　　本：710×1000　1/16

印　　张：10.5

字　　数：190 千字

版　　次：2005 年 4 月第 1 版

　　　　　2021 年 5 月第 4 次印刷

书　　号：ISBN 978-7-80673-578-7

定　　价：35.00 元

目 录

光和色的韵律

永远的天籁

就这样被你感动

凝固的音乐

在日常生活中我们固然常说美的颜色，美的天空，美的河流，以及美的花朵，美的动物，尤其常说的是美的人……但可以肯定地说，艺术美高于自然。因为艺术美是由心灵产生和再生的美，心灵和它的作品比自然和它的现象高多少，艺术美也就比自然高多少。

光和色的韵律

美有如火之热情，

美有冷静之头脑，

美有冰雪之聪明，

美有自由之规律，

美有无边之真诚，

美有极端之善意，

美有至乐之境域……

从罗丹得到的启示

◆［奥地利］斯蒂芬·茨威格

> 那时，我参悟到一切艺术与伟业的奥妙——专心，完成或大或小的事业的全力集中，把易于弥散的意志贯注在一件事情上的本领。

我那时大约 25 岁，在巴黎研究与写作。许多人都已称赞我发表过的文章，有些我自己也喜欢。但是，我心里深深感到我还能写得更好，虽然我不能断定那症结的所在。

于是，一个伟大的人给了我一个伟大的启示。那件仿佛微乎其微的事，竟成为我一生的关键。

有一晚，在比利时名作家魏尔哈仑家里，一位年长的画家慨叹着雕塑美术的衰落。我年轻而好饶舌，热炽地反对他的意见。"就在这城里，"我说，"不是住着一个与米开朗琪罗媲美的雕刻家吗？罗丹的《沉思者》、《巴尔扎克》，不是同他用以雕塑他们的大理石一样永垂不朽吗？"

当我倾吐完了的时候，魏尔哈仑高兴地指指我的背。"我明天要去看罗丹，"他说，"来，一块儿去吧。凡像你这样称赞他的人都该去会他。"

我充满了喜悦，但第二天魏尔哈仑把我带到雕刻家那里的时候，我一句话也说不出。在老朋友畅谈之际，我觉得我似乎是一个多余的不速之客。

但是，最伟大的人是最亲切的。我们告别时，罗丹转向了我。"我想你也许愿意看看我的雕刻，"他说，"我这里简直什么也没有。可是礼拜天，你到麦东来同我一块儿吃饭吧。"

在罗丹朴素的别墅里，我们在一张小桌前坐下吃便饭。不久，他温和的眼睛发出的激励的凝视，他本身的淳朴，宽释了我的不安。

在他的工作室，有着大窗户的简朴的屋子，有完成的雕像，许许多多小塑样——一支胳膊，一只手，有的只是一只手指或者指节；他已动工而搁下的雕像，堆着草图的桌子，一生不断的追求与劳作的地方。

罗丹罩上了粗布工作衫，因而好像就变成了一个工人。他在一个台架前停下。"这是我的近作。"他说，把湿布揭开，现出一座女正身像。"这已完工了。"我想。

他退后一步，仔细看着，这身材魁梧、阔肩、白髯的老人。

但是在审视片刻之后，他低语了一句："就在这肩上线条还是太粗。对不起……"他拿起刮刀、木刀片轻轻滑过软和的黏土，给肌肉一种更柔美的光泽。他健壮的手动起来了；他的眼睛闪耀着。"还有那里……还有那里……"他又修改了一下，他走回去。他把台架转过来，含糊地吐着奇异的喉音。时而，他的眼睛高兴得发亮；时而，他的双眉苦恼地蹙着。他捏好小块的黏土，粘在像身上，刮开一些。

这样过了半点钟，一点钟……他没有再向我说过一句话。他忘掉了一切，除了他要创造的更崇高的形体的意象。他专注于他的工作，犹如在创世时太初的上帝。

最后，带着舒叹，他扔下刮刀，像一个男子把披肩披到他情人肩上那种温存关怀般地把湿布蒙上女正身像，于是，他又转身要走，那身材魁梧的老人。

在他快走到门口之前，他看见了我。他凝视着，就在那时他才记起，他显然对他的失礼而惊惶。"对不起，先生，我完全把你忘记了，可是你知道……"我握着他的手，感谢地紧握着。也许他已领悟我所感受到的，因为在我们走出屋子时他微笑了，用手抚着我的肩头。

在麦东的那天下午，我学得的比在学校所有的时间都多。从此，我知道凡人类的工作必须怎样做，假如那是好而又值得的。

再没有什么像亲见一个人全然忘记时间、地方与世界那样使我感动。那时，我参悟到一切艺术与伟业的奥妙——专心，完成或大或小的事业的全力集中，把易于弥散的意志贯注在一件事情上的本领。

于是，我察觉我至今在我自己的工作上所缺少的是什么——那能使人除了追求完整的意志而外把一切都忘掉的热忱，一个人一定要能够把他自己完全沉浸在他的工作里。没有——我现在才知道——别的秘诀。

心灵体验

更多的时候，我们见到的是成功者头上耀眼的光环，我们容易被这光环迷惑，以为成功背后一定有什么了不起的秘密。其实，如果我们走进这些成功者的作坊，就会发现最大的秘密只有一个——专注于工作。

放飞思维

1.文章为什么不直接进入主题，落笔就写最关键的事——目睹罗丹专心工作的情况，而是从自己年轻时的经历和第一次见面的事写起？

2.本文叙事的重点是什么？从哲理的角度揭示了什么问题？

3.请点击网络或查阅书籍，了解一些成功人士成功的秘诀。

毕加索——世界上最年轻的画家

◆佚 名

> 毕加索像一位终生没有找到他的特殊艺术风格的画家，千方百计寻找完美的手法来表达他那不平静的心灵。

伟大的西班牙画家毕加索死的时候是91岁。也许你要奇怪，为什么我们要把他叫做"世界上最年轻的画家"呢？这是因为在90岁高龄时，他拿起颜料和画笔开始画一幅新的画时，对世界上的事物好像还是第一次看到一样。

年轻人总是在探索新鲜事物，探索解决新问题的方法。他们热心于试验，欢迎新鲜事物。他们不安于现状，朝气勃勃，从不满足。

老年人总是怕变化，他们知道自己什么最拿手，宁愿把过去的成功之道如法炮制，也不冒失败的风险。

毕加索90岁时，仍然像年轻人一样生活着。不安于现状，寻找新的思路和用新的表现手法来运用他的艺术材料。

大多数画家在创造了一种适合于自己的绘画风格后，就不再改变了，特别是当他们的作品受到人们的欣赏时更是这样。随着艺术家的年岁增长，他们的绘画虽然也在变，可是变化不会很大了。而毕加索却像一位终生没有找到他的特殊艺术风格的画家，千方百计寻找完美的手法来表达他那不平静的心灵。

他身上首先引人注意的地方就是那双睁大了的眼睛的眼神。美国著名作家格屈露德·斯特安在毕加索还年轻时就曾提到他那双如饥似渴的眼神，我们现在也可以从毕加索的画像中看到这个眼神。毕加索在1906年给斯特安画了一张像，他是通过自己的记忆画了她的脸的。看过这张画的人对毕加索说：这不像斯特安小姐本人。毕加索总是回答说：太遗憾了，斯特安小姐必须设法使自己长得跟这张画一样才行呢。但是39年之后，斯特安说，在她的画像中，只有毕加索给她画的那张，才把她的真正神貌画出来了。毕加索作画，不仅仅用眼睛，而且用思想。

毕加索的画，有些色彩丰富、柔和、非常美丽，有些用黑色勾画出鲜明的轮廓，显得难看、凶狠、古怪，但是这些画启发我们的想像力，使我们对世界的看法更深刻。面对这些画，我们不禁要问，毕加索看到了什么，使他画出这样的画来？我们开始观察在这些画的背后究竟隐藏着什么。

毕加索一生创作了成千上万种风格不同的画，有时他画事物的本来面貌，有时他似乎把所画的事物掰成一块块的，并把碎片向你脸上扔来。他要求着一种权力，不仅把眼睛所能看到的东西表现出来，而且把我们的思想所感受到的也表现出来。

他一生始终抱着对世界十分好奇的心情，就像年轻时一样。

心灵体验

艺术需要对外界永恒的兴趣，这样才能不断地接受外来的信息，不断丰富自己的素材；这样才不至于和世界隔离，也就延长了自己的艺术生命。保持对生活的敏感，时常被生活打动，这才是把握了生活的真谛——生活要感受，而非度过。

放飞思维

1. 毕加索去世时已91岁高龄，为什么要称他为世界上最年轻的画家？

2. 毕加索的眼神有什么与众不同之处？

上帝只给他一只老鼠

◆汤潜夫

有史以来，最伟大的动物卡通形象——米老鼠就这样平凡地诞生了。灵感只青睐那些勤于思考的头脑。

这是一位孤独的年轻画家，除了理想，他一无所有。

为了理想，他毅然出门远行，来到堪萨斯城谋生。起初他到一家报社应聘，想替他们工作。编辑部周围有一个较好的艺术氛围，这也正是他所需要的，但主编阅读了他的作品后大摇其头，认为作品缺乏新意不予录用。这使他感到万分失望和颓丧，和所有出门打天下的年轻人一样，他初尝了失败的滋味。

后来，他终于找到了一份工作，替教堂作画。可是报酬极低，他无力租用画室，只好借用一家废弃的车库作为临时的办公室。他每天就在这充满汽油味的车库辛勤地工作到深夜。没有比现在更艰苦的了,他想。

尤其烦人的是,每天熄灯睡觉时,就能听到老鼠吱吱的叫声和在地板上的跳跃声。为了明天有充足的精力去工作,他忍耐了。也许是太累了,他一沾着地板就能呼呼大睡。就这样一只老鼠和一名贫困的画家和平共处,倒也使这个荒弃的车库充满生机。

有一天,当疲倦的画家抬起头,他看见昏黄的灯光下一对亮晶晶的小眼睛。是一只小老鼠。如果是在几年前,他会设计出种种计谋去捕杀这只老鼠,但是现在他不,一只死老鼠难道比活老鼠更有趣吗?磨难已经使他具备大艺术家所具有的悲天悯人的情怀。他微笑着注视这只可爱的小精灵,可是它却像影子一样溜了。窗外风声呼啸,他倾听着天籁的声响,感到自己并不孤单,好歹有一只老鼠与他为邻,它还会来的,像羞怯的小姑娘。

那只小老鼠果然一次次出现,不只是在夜里。他从来没有伤害过它,甚至连吓唬都没有。它在地板上做着多种运动,表演精彩的杂技。而他作为惟一的观众,则奖给它一点点面包屑。渐渐地,他们互相信任,彼此间建立了友谊。老鼠先是离他较远,见他没有伤害它的意思,便一点点靠近。最后,老鼠竟敢大胆地爬上他工作的画板,并在上面有节奏地跳跃。而他呢,决不会去赶走它,而是默默地享受与它亲近的情意。

信赖,往往创造出美好的境界。

不久,年轻的画家离开堪萨斯城,被介绍到好莱坞去制作一部以动物为主的卡通片。这是他好不容易得到的一次机会,他似乎看到理想的大门开了一道缝。但不幸得很,他再次失败了,不但因此穷得毫无分文,并且再度失业。

多少个不眠之夜他在黑暗里苦苦思索,他怀疑自己的天赋,怀疑自己真的一文不值,他在思索着自己的出路。终于在某天夜里,就在他潦倒不堪的当儿,他突然想起了堪萨斯城车库里那只爬到他画板上跳跃的老鼠,灵感就在那个暗夜里闪了一道耀眼的光芒。他迅速爬起来,拉亮灯,支起画架,立刻画了一只老鼠的轮廓。

有史以来,最伟大的动物卡通形象——米老鼠就这样平凡地诞生了。灵感只青睐那些勤于思考的头脑。

这位年轻的画家就是后来的美国最负盛名的人物之一——才华横溢的沃特·迪斯尼先生。他创造了风靡全球的米老鼠。谁能想到,在那间充满汽油味的车库里曾经生活过的一只小老鼠是世界上最负盛名的影片的祖宗。米老鼠足迹所至,所受到的欢迎让许多明星望尘莫及,也让沃特·迪斯尼名噪全球。

堪萨斯城那间充满汽油味的车库,沃特·迪斯尼先生后来说,至少要值100万美元。其实那里没有什么,只有一只老鼠,那是上帝给他的,上帝给谁都不会太多。

心灵体验

在这个世界上,聪明的人并不是很少,而成功的,却总不是很多。聪明人之所以不成功就是因为他已具备了成功的条件时,还在期待成功的捷径。而成功的人,首先在于他从不苛求条件,只抓住上帝给予的那一点儿,竭力创造条件。

放飞思维

1. 从文中的哪些描写可以看出他是一个贫困潦倒无人赏识的画家?

2. 促使沃特·迪斯尼成功的因素有哪些?

3. 米老鼠的诞生给人们带来了无尽的欢乐,你曾经感受过这种欢乐吗?

我与绘画的缘分

◆[英国]丘吉尔

惠而不费独立自主,能得到新的精神食粮和锻炼,在每个平凡的景色中都能享有一种额外的兴味,使每个空闲的钟点都很充实,都是一次充满了销魂荡魄般发现的无休止的航行。

年至40岁而从未握过画笔,老把绘画视为神秘莫测之事,然后突然发现自己投身到了一个颜料、调色板和画布的新奇兴趣中去了,并且成绩还不怎么叫人丧气——这可真是个奇异而又大开眼界的体验。我很希望别人也能分享到它。

为了得到真正的快乐,避免烦恼和脑力的过度紧张,我们都应该有一些嗜好。它们必须都很实在,其中最好最简易的莫过于写生画画了。这样的嗜好在一个最苦闷的时期搭救了我。1915年5月末,我离开了海军部,可我仍是内阁和军事委员会的一个成员。在这个职位上,我什么都知道,却什么都不能干。我有一些炽烈的信念,却无力去把它们付诸实现。那时候,我全身的每根神经都热切地想行动,而我却只能被迫赋闲。

尔后,一个礼拜天,在乡村里,孩子们的颜料盒来帮我忙了。我用他们那些玩具水彩颜料稍一尝试，便促使我第二天上午去买了一整套油画器具，下一步我真的动手了。调色板上闪烁着一摊摊颜料；一张崭新的白白的画布摆在我的面前；那支没蘸色的画笔重如千斤，性命攸关，悬在空中无从落下。我小心翼翼地用一支很小的画笔蘸上一点点蓝颜料，然后战战兢兢地在咄咄逼人的雪白画布上画了大约像一颗小豆子那么大的一笔。恰恰那时候只听见车道上驶来了一辆汽车，而且车里走出来的不是别人，正是著名肖像画家约翰·赖弗瑞爵士的才气横溢的太太。"画画！不过你还在犹豫什么哟！给我一支笔，要大的。"画笔扑通一声浸进松节油，继而扔进蓝色和白色颜料中，在我那块调色板上疯狂地搅拌了起来，然后在吓得簌簌直抖的画布上恣肆汪洋地涂了好几笔蓝颜色。紧箍咒被打破了。我那病态的拘束烟消云散了。我抓起一支最大的画笔，雄赳赳气昂昂地朝我的牺牲品扑了过去。打那以后，我再也不怕画布了。

这个大胆妄为的开端是绘画艺术极重要的一部分。我们不要野心太大。我们并不希冀传世之作。能够在一盒颜料中其乐陶陶，我们就心满意足了。而要这样，大胆则是惟一的门券。

我不想说水彩颜料的坏话。可是实在没有比油画颜料更好的材料了。首先，你能比较容易地修改错误。调色刀只消一下子就能把一上午的心血从画布上"铲"除干净；对表现过去的印象来说，画布反而来得更好。其次，你可以用各种途径达到自己的目的。假如开始时你采用适中的色调来进行一次适度的集中布局，尔后心血来潮时，你也可以大刀阔斧、尽情发挥。最后，颜色调弄起来真是太妙了。假如你高兴，可以把颜料一层一层地加上去，你可以改变计划去适应时间和天气的要求。把你所见的景象跟画面相比较简直令人着迷。假如你还没有那么干过的话，在你归天以前——不妨试一试。

当一个人开始慢慢地不感到选择适当的颜色、用适当的手法把它们画到适当的位置上去是一种困难时，我们便面临更广泛的思考了。人们会惊讶地发现在自然景色中还有那么许多以前从未注意到的东西。每当走路乘车时，附加了一个新目的，那可真是新鲜有趣之极。山丘的侧面有那么丰富的色彩，在阴影处和阳光下迥不相同；水塘里闪烁着如此耀眼夺目的反光，光波在一层一层地淡下去；表面和边缘那种镀金镶银般的光亮真是美不胜收。我一边散步，一边留心着叶子的色泽和特征，山峦那迷梦一样的紫色，冬天的枝干的绝妙的边线，以及遥远的地平线的暗白色的剪影，那时候，我便本能地意识到了自己。我活了40多岁，除了用普通的眼光，从未留心过这一切。好比一个人看着一群人，只会说"人可真多啊！"一样。

我认为，这种对自然景色观察能力的提高，便是我从学画中得来的最大乐趣之一。假如你观察得极其精细入微，并把你所见的情景相当如实地描绘下来，结果画布上的景象就会惊人的逼真。

嗣后，美术馆便出现了一种新鲜的——至少对我如此——极其实际的兴趣。你看见了昨天阻碍过你的难点，而且你看见这个难点被一个绘画大师那么轻而易举地就解决了，你会用一种剖析的理解的眼光来欣赏一幅艺术杰作。

一天，偶然的机缘把我引到马赛附近的一个偏僻角落里，我在那儿遇见了两位塞尚的门徒。在他们眼中，自然景色是一团闪烁不定的光，在这里形体与表面并不重要，几乎不为人所见，人们看到的只是色彩的美丽与谐和对比。这些彩色的每一个小点都放射出一种眼睛感受得到却不明其原因的强光。你瞧，那大海的蓝色，你怎么能描摹它呢？当然不能用现成的任何单色。临摹那种深蓝色的惟一办法，是把跟整个构图真正有关的各种不同颜色一点一点地堆砌上去。难吗？可是迷人之处也正在这里！

我看过一幅塞尚的画，画的是一座房里的一堵空墙。那是他天才地用最微妙的光线和色彩画成的。现在我常能这样自得其乐：每当我盯着一堵墙壁或各种平整的表面时，便力图辨别从中能看出的各种各样不同的色调，并且思索着这些色调是反光引起的呢，还是出于天然本色。你第一次这么试验时，准会大吃一惊，甚至在最平凡的景物上你都能看见那么多如此美妙的色彩。

所以，很显然地，一个人被一盒颜料装备起来，他便不会心烦意乱，或者无所事事了。有多少东西要欣赏啊，可观看的时间又那么的少！人们会第一次开始去嫉妒梅休赛兰。

注意到记忆在绘画中所起的作用是很有趣的。当惠斯特勒在巴黎主持一所学校时，他要他的学生们在一楼观察他们的模特儿，然后跑上楼，到二楼去画他们的画。当他们比较熟练时，他就把他们的画架放高一层楼，直到最后那些高材生们必须拼命奔上6层楼梯到顶楼里去作画。

所有最伟大的风景画常常是在最初的那些印象归纳起来好久以后在室内画出来的。荷兰或者意大利的大师在阴暗的地窖里重现了尼德兰狂欢节上闪光的冰块，或者威尼斯的明媚阳光。所以，这就要求对视觉形象具有一种惊人的记忆力。就发展一种受过训练的精确持久的记忆力来说，绘画是一种十分有效的锻炼。

另外，作为旅游的一种刺激剂，实在没有比绘画更好的了。每天排满了有关绘画的远征和实践——既省钱易行，又能陶情养心。哲学家的宁静享受替代了旅行者的无谓的辛劳。你走访的每一个国家都有它自己的主调，你即使见到了也无法描摹它，但你能观察它，理解它，感受它，也会永远地赞美它。不过，只要阳光灿烂，人们是大可不必出国远行的。业余画家踌躇满志地从一个地方到另一个地方东游西荡，老在寻觅那些可以入画可以安安稳稳带回家去的迷人胜景。

作为一种消遣，绘画简直十全十美了。我不知道还有什么在不筋疲力尽消耗体力的情况下比绘画更使人全神贯注的了。不管面临何等样的目前的烦恼和未来的威胁，一旦画面开始展开，大脑屏幕上便没有它们的立足之地了。它们退隐到阴影黑暗中去了。人的全部注意力都集中到了工作上面。当我列队行进时，或者甚至，说来遗憾，在教堂里一次站上半个钟头，我总觉得这种站立的姿势对男人来说很不自在，老那么硬挺着只能使人疲惫不堪而已。可是却没有一个喜欢绘画的人接连站三四个钟点画画会感到些微的不适。

买一盒颜料，尝试一下吧。假如你知道充满思想和技巧的神奇新世界，一个阳光普照色彩斑斓的花园正近在咫尺等待着你，与此同时你却用高尔夫和桥牌消磨时间，那真是太可怜了。惠而不费独立自主，能得到新的精神食粮和锻炼，在每个平凡的景色中都能享有一种额外的兴味，使每个空闲的钟点都很充实，都是一次充满了销魂荡魄般发现的无休止的航行——这些都是崇高的褒赏。我希望它们也能为你所享有。

心灵体验

这篇文章是第二次世界大战时的风云人物——英国首相温斯顿·丘吉尔写的一篇随笔。随笔详细描写了他拿起画笔从事油画创作的起因和过程、感受与体会。丘吉尔虽然是个大政治家，可他写的随笔妙趣横生，富有浓郁的生活气息，读来别有风味。

放飞思维

1.用简要的语言概括本文的主要内容。

2.作者说"作为一种消遣，绘画简直十全十美了"，你认为丘吉尔从绘画中感受到了哪些乐趣？

3.请谈谈你空闲时候的精神食粮，你从中享受到了什么？

学 画 回 忆

◆丰子恺

> 我伴着了热烈的兴味,用毛笔勾出线条,又用
> 大盆子调了多量的颜料,着上色彩,一个鲜明华丽
> 而伟大的孔子像就出现在纸上。

假如有人探寻我儿时的事,为我作传记或讣启,可以为我说得极漂亮:"七岁入塾即擅长丹青。课余常摹古人笔意,写人物花鸟图,以为游戏。同塾年长诸生竞欲乞得其作品而珍藏之,甚至争夺殴打,师闻其事,命出画观之,不信,谓之曰:'汝真能画,立为我作至圣先师孔子像!不成,当受罚。'某从容开墨伸纸,挥毫立就,神颖晔然。师弃戒尺于地,叹曰:'吾无以教汝矣!'遂装裱其画,悬诸塾中,命诸生朝夕礼拜焉。于是亲友竞乞其画像,所作无不惟妙惟肖。……"百年后的人读了这段记载,便会赞叹道:"7岁就有作品,真是天才!神童!"

朋友来信要我写些关于儿时学画的回忆的话。我就根据上面的一段话写此罢。上面的话都是事实,不过欠详明些,宜解说之如下:

我七八岁时——到底是7岁或8岁,现在记不清楚了。但都可说,说得小了可说是照外国算法的;说得大了可说是照中国算法的——入私塾,先读《三字经》,后来又读《千家诗》。《千家诗》每页的上端有一幅木板画,记得第一幅画的是一只大象,和一个人,在那里耕田,后来我知道这是二十四孝中的大舜耕田图。但当时并不知道画的是什么意思,只觉得看上端的画,比读下面的"云淡风轻近午天"有趣。我家开着染坊店,我向染匠司务讨些颜料来,溶化在小盅子里,用笔蘸了为书上的单色画着色,涂一只红象,一个蓝人,一片紫地,自以为得意。但那书的纸不是道林纸,而是很薄的中国纸,颜料涂在上面的纸上,会渗透下面好几层。我的颜料笔又吸得饱,透得更深。等得着好色,翻开书来一看,下面七八页上,都有一只红象,一个蓝人,和一片紫地,好像用三色版套印的。

第二天上书的时候,父亲——就是我的先生——就骂,几乎要打手心;被母亲和大姊劝住了,终于没有打。我抽抽咽咽地哭了一顿,把颜料盅子藏在扶梯底下了。晚上,等到先生——就是我的父亲——上鸦片馆去了,我再向扶梯底下取出颜料盅子,叫红英——管我的女仆——到店堂里去偷几张煤头纸来,就在扶梯底下的半桌上的"洋油手照"底下描色彩画。画一个红人,一只蓝狗,一间紫房子……这

些画的最初的鉴赏者，便是红英。后来母亲和诸姐也看到了，她们都说"好"，可是我没有给父亲看，防恐吃手心。这就叫做"七岁入塾即擅长丹青"。况且向染坊店里讨来的颜料不止丹和青呢！

后来，我在父亲晒书的时候找到了一部人物画谱，翻一翻，看见里面花样很多，便偷偷地取出了，藏在自己的抽斗里。晚上，又偷偷地拿到扶梯底下的半桌上去给红英看。这回不想再在书上着色，却想照样描几幅看，但是一幅也描不像。亏得红英想功好，教我向习字簿上撕下一张纸来，印着了描。记得最初印着描的是人物谱上的柳柳州像。当时第一次印描没有经验，笔上墨水吸得太饱，习字簿上的纸又太薄，结果描是描成了，但原本上渗透了墨水，弄得很龌龊，曾经受大姐的责骂，这本书至今还存，最近我晒旧书时候还翻出这个弄龌龊了的柳柳州像来看：穿了很长的袍子，两臂高高地向左右伸起，仰了头做大笑状。但周身都是斑斓的墨点，便是我当日印上去的。回思我当日最初就印这幅画的原因，大概是为了他高举两臂做大笑状，好像我父亲打呵欠的模样，所以特别有兴味罢。后来，我的"印画"的技术渐渐进步。大约十二三岁的时候（父亲已经弃世，我在另一私塾读书了），我已把这本人物谱，统统印全。所用的纸是雪白的连史纸，而且所印的画都着色。着色所用的颜料仍旧是染坊里的，但不复用原色，我自己会配出各种的间色来，在画上施以复杂华丽的色彩，同塾的学生看了都很欢喜，大家说："比原本上的好看得多！"而且大家问我讨画，拿去贴在灶间里，当做灶君菩萨；或者贴在床前，当做新年里买的"花纸儿"。所以说我"课余常摹古人笔意，写人物花鸟之图，以为游戏。同塾年长诸生竞欲乞得其作品而珍藏之"，也都有因；不过其事实是如此。

至于学生夺画像殴打，先生请我画至圣先师孔子像，悬诸塾中，命诸生晨夕礼拜，也都是确凿的事实，你听我说罢：那时候我们在私塾中弄画，同在现在社会里抽鸦片一样是不敢公开的。我好像是一个土贩或私售灯吃的，同学们好像是上了瘾的鸦片鬼，大家在暗头里勾当。先生坐在案桌上的时候，我们的画具和画都藏好，大家一摇一摆地读《幼学》书，等到下午照例一个大块头来拖先生出去吃茶了，我们便拿出来弄画。我先一幅幅地印出来，然后一幅幅地涂颜料。同学们便像看病时向医生挂号一样，依次认定自己所欲得的画。得画的人对我有一种报酬，但不是稿费或润笔，而是种种玩意儿：金铃子一对连纸匣；挖空老菱壳一只，可以加上绳子去当做陀螺抽的；"云"字顺治铜钱一枚（有的顺治铜钱，后面有一个字，字共有二十种。我们儿时听大人说，积得了一套，用绳编成宝剑形状，挂在床上，夜间一切鬼都不敢来。但其中，好像是"云"字，最不易得，往往为缺少此一字而编不成宝剑。故这种铜钱在当时的我们之间是一种贵重的赠品），或者铜管子（就是当时炮船上新用的后膛枪子弹的壳）一个。有一次，两个同学为交换一张画，意见冲突，相打起来，被先生知道了。先生审问之下，知道相打的原因是为画；追求画的来源，知道是我所作，便厉声喊我走过去。我料想是吃戒尺了，低着头不睬，但觉得手心里火热了。终于先生走过来了。我已吓得魂不附体；但他走到我的座位旁边，并不拉我的手。却问我："这画是不是你画的？"我回答一个"是"字，预备吃戒尺了。他把我的身体拉开，抽开我的抽斗，搜查起来。我的画谱、颜料，以及印好而未着色的画，就都被他搜出。我以为这些东西全被没收了：结果不然，他但把画谱拿了去，坐在自己的椅子上一张一张地观赏起来。过了好一会，先生旋转头来叱一声"读！"大家朗朗地读"混沌初开，乾坤始奠……"这件案子便停顿了。我偷眼看先生，见他把画谱一张一张地翻下去，一直翻到底。放假的时候我夹了书包走到他面前去作一个揖，他换了一种与前不同的语气对我说："这书明天给你。"

明天早上我到塾，先生翻出画谱中的孔子像，对我说："你能看了样画一个大的吗？"我没有防到先生也会要我画起画来，有些"受宠若惊"的感觉，支吾地回答说："能。"其实我向来只是"印"，不能"放大"。这个"能"字是被先生的威严吓出来的。说出之后心头发一阵闷，好像一块大石头吞在肚里了。先生继续说："我去买张纸来，你给我放大了画一张，也要着色彩。"我只得说"好"。同学们看见先生要我画画了，大家装出惊奇和羡慕的脸色，对着我看。我却带着一肚皮心事，直到放假。

放假时我挟了书包和先生交给我的一张纸回家，便去同大姐商量。大姐教我，用一张画方格子的纸，套在画谱的书页中间。画谱纸很薄，孔子像就有经纬格子范围着了。大姐又拿缝纫用的尺和粉线袋给我在先生交给我的大纸上弹了大方格子，然后向镜箱中取出她画眉毛用的柳条枝来，烧一烧焦，教我依方格子放大的画法。那时候我们家里还没有铅笔和三角板、米突尺，我现在回想大姐所教我的画法，其聪明实在值得佩服。我依照她的指导，竟用柳条枝把一个孔子像的底稿描成了，同画谱上的完全一样，不过大得多，同我自己的身体差不多大。我伴着了热烈的兴味，用毛笔勾出线条，又用大盆子调了多量的颜料，着上色彩，一个鲜明华丽而伟大的孔子像就出现在纸上。店里的伙计、作坊里的司务，看见了这幅孔子像，大家说："出色！"还有几个老妈子，尤加热烈地称赞我的"聪明"和画的"齐整"，并且说："将来哥儿给我画个容像，死了挂在灵前，也沾些风光。"我在许多伙计、司务，和老妈子的盛称声中，俨然地成了一个小画家。但听到老妈子要托我画容像，心中却有些儿着慌。我原来只会"依样画葫芦"的！全靠那格子放大的枪花，把书上的小画改成为我的"大作"，又全靠那颜料的文饰，使书上的线描一变而为我的"丹青"。格子放大是大姐教我的，颜料是染匠司务给我的，归到我自己名下的工作，仍旧只有"依样画葫芦"。如今老妈子要我画容像，说"不会画"有伤体面，说"会画"将来如何兑现？且置之不答，先把画缴给先生去。先生看了点头。次日画就粘贴在堂名匾下的板壁上。学生们每天早上到塾,两手捧着书包向它拜一下,晚上散学,再向它拜一下。我也如此。

自从我的"大作"在塾中的堂前发表以后,同学们就给我一个绰号"画家"。每天来访先生的那个大块头看了画,点点头对先生说:"可以。"这时候学校初兴,先生忽然要把我们的私塾大加改良了。他买了一架风琴来,自己先练习几天,然后教我们唱"男儿第一志气高,年纪不妨小"的歌。又请一个朋友来教我们学体操。我们都很高兴。有一天,先生呼我走过去,拿出一本书和一大块黄布来,和蔼地对我说:"你给我在黄布上画一条龙,"又翻开书来,继续说:"照这条一样。"原来这是体操时用的国旗。我接受了这命令,只得又去同大姐商量,再用老法子把龙放大,然后描线,涂色。但这会的颜料不是从染坊店里拿来,是由先生买来的铅粉、牛皮胶、和红、黄、蓝各种颜料。我把牛皮胶煮溶了,加入铅粉,调制各种不透明的颜料,涂到黄布上,同西洋中世纪的 Fresco 画法相似。龙旗画成了,就被高高地张在竹竿上,引导学生通过市镇,到野外去体操。我悔不在体操后偷把那龙旗藏过了,好让我的传记里添两句:"其画龙点睛后忽不见,盖已乘云上了天矣。"我的"画家"绰号自此更盛行,而老妈子的画像也催促得更紧了。

我再同大姐商量。她说二姐丈会画肖像,叫我到他家去"偷关子"。我到二姐丈家果然看见他们有种种特别的画具,玻璃九宫格,擦笔,Conte 米突尺,三角板。我向二姐丈请教了些笔法,借了些画具;又借了一包照片来,作为练习的样本。因为那时我们家乡地方没有照相馆,我家里没有可用玻璃格子放大的四寸半身照片。回家以后,我每天放学后就埋头在擦笔照相画中。这原是为了老妈子的要求而"抱佛脚"的,可是她没有照相,只有一个人。我的玻璃格子不能罩到她的脸孔上去,没有办法给她画像。天下事有会巧妙地解决的。大姐在我借来的一包样本中选出某老妇人的一张照片来,说:"把这个人的下巴改尖些,就活像我们的老妈子了。"我依计而行,果然画了一幅八九分像的肖像画。外加在擦笔上涂以漂亮的淡彩:粉红色的肌肉,翠蓝色的上衣,花带镶边,耳朵上外加挂着一双金黄色的珠耳环。老妈子看见珠耳环心花盛开,即使完全不像,也说"像"了。自此以后亲戚家死了人我就有差使——画容像。活着的亲戚也拿一张小照来叫我放大,挂在厢房里,预备将来可现成地移挂在灵前。我 17 岁出外求学,年假、暑假回家时还常常接受这种义务生意。直到我 19 岁时,从先生学了木炭写生画,读了美术的论著,方才把此业抛弃。到现在,在故乡的几位老伯伯和老太太之间,我的擦笔肖像画家的名誉依旧健在,不过他们大都以为我近来"不肯"画了,不再来请教我。前年还有一位老太太把她的新死了的丈夫的 4 寸照片寄到我上海的寓所来,哀求地托我写照。此道我久已生疏,早已没有画具,况且又没有时间和兴味。但无法对她说明,就把照片送到霞飞路的某照相馆里,托他们放大为 24 寸,寄了去。后遂无问津者。

假如我早得学木炭写生画,早得受美术论著的指导,我的学画不会走这条崎岖的小径。唉,可笑的回忆,可耻的回忆,写在这里,给世间学画的人做借鉴吧。

心灵体验

本文描写了很多丰子恺小时候学画的趣事,反映了他对绘画浓厚的兴趣和刻苦的精神。如被父亲骂了之后,仍"把颜料盅子藏起来",他对绘画的兴趣的确不一般;"我已把这本人物谱,统统印全",则说明了他的用功。本文的语言,特别是对小孩子动作、心理的描写十分到位。读本文时,可以欣赏到一代名家的文采。

放飞思维

1. 本文主要记叙了哪几件事?

2. 丰子恺先生对学画的回忆持怎样的态度?

3. "唉,可笑的回忆,可耻的回忆,写在这里,给世间学画的人做借鉴吧。"你认为这些回忆可笑可耻吗?为什么?

爱 的 劳 役

◆伊 人

不幸的凡·高,毕竟还是有幸的。他的爱的劳役没有白费。他有无私地深爱着他的人们,为他和他的艺术做着劳役呢!

我想,知悉她的人,也许是很少的。

她叫约翰娜。1889 年晚春,嫁给提奥,做了画商的妻子。

正是在这时候,她丈夫的哥哥,文森特·凡·高住进了圣雷米的精神病院。

一年后,她才初次见到凡·高,见到这位献身艺术而发疯的画家。

凡·高在提奥家小住了几天,就离别了。没想到这竟是永远的离别。

过了没多少天,37 岁的凡·高自杀了,他怀着痛苦和绝望,告别了这个世界。

极度的精神痛苦,也压垮了他的情同手足的兄弟——提奥。6 个月后,提奥也随着他的兄长,撒手人间。

留下了年轻的约翰娜,还有一个在襁褓之中的婴儿。

提奥没有留下什么遗产。凡·高的画和书信,是约翰娜所继承的最主要的"财富"。

然而,她并没有变成富翁。虽然,在今天,凡·高的全部作品的价值,高达几亿美元。但是在当时,却不被理解、欣赏。这位不得志的画家,在他生前只卖出一幅画,而且价格是那样低廉。若是没有提奥十多年始终如一的经济援助,凡·高不知该如何维持生活,并进行他的艺术创作。

她没有出卖凡·高的作品,也许在她看来,那是不能卖的。她的丈夫曾经至诚地深爱着兄长,珍爱他的每一幅画、每一封信;她继承了丈夫的这种爱,虽然,她和凡·高见面,只有短短的几天。

她爱,用她的心,也用她的行为。她花费了几年的时间,编辑、翻译凡·高的书信;1600多页的三卷本书信集,使世人得以看到一位艺术家的心,那饱尝人世痛苦而仍然渴望生活的心。

她为使凡·高的作品获得应有的地位而奔走着,奋斗着,她爱他的艺术,而且也要唤起更多人的爱。她不能忍受真正的艺术继续被冷落,以致淹没在寂寞的忘却之中。

终于,由于她的艰辛努力,在凡·高逝世15年后,在画家的祖国荷兰,在阿姆斯特丹国家美术馆,第一次举办了凡·高画展。

她的爱结成了硕果。

一个普通的妇女,而且她还有个年幼的孩子,还得独立地艰难地谋生,为了凡·高和他的艺术,作出如此可贵的奉献,实在是很不容易的。

欧文·斯通说:这是一种爱的劳役。

是的,这确实是爱的劳役。

我想,凡·高在劳动者中,在大自然中,"终生从事表现隐藏在它们之中的诗意",把这种诗意和美,奉献给世人,这又何尝不是一种爱的劳役?

不幸的凡·高,毕竟还是有幸的。他的爱的劳役没有白费。他有无私地深爱着他的人们,为他和他的艺术做着劳役呢!

我又想,过去和现在,为了他人,为了社会,为了一切有价值的事物,不辞艰辛,不图酬报,不怀利己的打算,赤诚地承担着爱的劳役,这样的人不是很多很多吗?

虽然,他们中的许多人,像约翰娜一样,不为世人谙知;但是,对这样的人,是应该表示敬意和感激之情的。

如果需要的话，如果可能的话，我们自己何不也来做一做这样的劳役者呢！

心灵体验

约翰娜的爱是对兄长的爱，对凡·高艺术的爱。为了唤起更多人接受凡·高的艺术，她艰苦努力承担着爱的劳役，终于结成了硕果。同时，约翰娜也赢得了人们的爱戴和尊敬。

放飞思维

1．支持约翰娜服爱的劳役的精神支柱是什么？
2．怎样理解凡·高是不幸的，也还是有幸的？
3．约翰娜赢得世人尊敬的原因是什么？

德尔沃的月光

◆林 白

德尔沃使我在心里再造了一片月光，这片月光广大而阴影重重，近于巫术地在我所到之处的白天和黑夜弥漫。我在这片虚拟的月光中睡眠，远去的年代从月光的阴影中渐渐涌动，覆盖过我的头顶。

我迷恋月光下的事物由来已久，月光在我的记忆中，神秘而荒凉，它的阴影和清辉，以及月光下伫立不动的人、树木，接近明月的难以企及的高山，在这个夏天向我散发出阴凉的美。

在这个夏天，我第一次与保尔·德尔沃相遇，这种相遇使我与他的作品（油画印刷品）之间产生了一种奇怪的关系。我总是下意识地把登有其油画的杂志放在明显的地方。这个地方常常是不固定的，有时是书桌的左上方，那是我在写作的间歇总要注目的地方；有时是床头柜，在睡觉之前和起床后第一眼就看到；有时是餐桌。我还莫名其妙地把这本杂志带着上班，我把它放在一个敞口的纸提袋里，搁在自行车的前筐，我在骑车的时候无意一瞥，就能从敞开的提袋看到杂志封底德尔沃月光弥漫的油画局部。这种下意识的动作反过来使我产生了一种错觉,我觉得这本神奇的杂志不是一本,而是许多本,它们同时被我置放在书桌、床头柜、餐桌、办公室等等,它们环绕着我,散发出非同寻常的月光。

我没有找到德尔沃的其他作品,我反复观赏的只有这本杂志中选载的5幅,其中两幅是黑白的题图,两幅是彩色插页,一幅在封底,是油画的局部。他的月光是梦幻中的月光,我们永远无法从眼前相同的事物中找到一点儿相同的质地(这跟当代和城市有关,高楼和霓虹灯早就隔断和污染了它,我们也早就忘记了它最初的样子)。德尔沃,他所再现的遥远的国度的遥远的月光,我不知道它到底跟我有什么关系,没有笑容的夜晚,幽寒的弯月高悬,惨淡的清辉遍洒;月光下的裸体女郎,神色呆滞,表情木然,神不守舍,我无比喜爱她们。

德尔沃使我在心里再造了一片月光,这片月光广大而阴影重重,近于巫术地在我所到之处的白天和黑夜弥漫。我在这片虚拟的月光中睡眠,远去的年代从月光的阴影中渐渐涌动,覆盖过我的头顶。

心灵体验

在这篇文章中作者沉到月光中去了,这片虚拟的月光在她的白天和黑夜弥漫,使自行车的前筐也带上了超现实色彩。作者用文字,向我们展示出艺术可以如何地感召人,以及改变生活。德尔沃的月光是作者根据自己的需要刻意营造出的一片有巫术的月光,让"远去的年代从月光的阴影中渐渐涌动"。

放飞思维

1.文章带有些许神秘的倾向,这种神秘倾向通过哪些事物表现出来?

2.文章中弥漫着作者的某种情绪,你能读懂这种情绪吗?

看　画

◆西西

> 小说是章节的贯连，电影由场镜剪接；画似乎
> 要不同些，仿佛孤寂的存在，既没有从前，也没有
> 以后。

我喜欢看画。

空闲的时候，坐在小矮凳上，把书本搁在大矮凳上，就可以看一阵画集了。

夏加尔是俄国人吗？莫迪格里安尼是意大利人吗？杜浦菲是法国人吗？博蒂洛是哥伦比亚人吗？不要紧，他们的作品，对任何一个人来说，没有文字，无需翻译，可以看得懂。

小说是章节的贯连，电影由场镜剪接；画似乎要不同些，仿佛孤寂的存在，既没有从前，也没有以后。古希腊那位哲人赫拉克利特怎么说？人不能两次踏进同一条河流。那么，画幅里凝定了的河流呢？

柏洛玛先生卡尔维诺曾说：步进美术馆看画，从一幅画到另一幅画，每个人可依自己的想像编述故事。的确这样，而且，看似孤立的画幅，彼此之间自有纽带，同一大室里的画，或许皆隶属古典的殿堂，另一楼层的，都可归聚为印象馆。

作者的画册，往往纪录了个人的创作历程，从玫瑰时期到蓝色时期，中间的过渡，鲜有明显的断层痕迹。《草地上的午餐》，原是数百草稿的叠印。

阿根廷国立图书馆馆长波希士说：书本不但延展记忆，同时启发想像。文艺复兴的乔托在我，明澈如希腊悲剧，波蒂采尼典丽仿若但丁，培根使我想起卡夫卡。

张萱《捣练图》里女子眉心的缀饰，就是《木兰辞》里的"对镜贴花黄"了吧，古老的熨斗，如此雷同———一只长柄水勺。熨斗常常教我想起福克纳，他在《喧声与愤怒》中写昆丁买两个熨斗，那时候的熨斗，竟然按斤两称计。

顾恺之的画里恒常出现两类树木，一种许是落花飞絮的杨柳，另一种却似鸡冠花。他画的罗伞，不知道是植物还是动物，那么像一条星鱼，难道是晒干了的巨大柚子皮？

我喜欢色彩。

喜欢野兽主义的浓炽，马蒂斯的剪纸，艳亮而忧伤；喜欢后期印象互补的色系，高更的平涂，完全像散文体系的小说。

我喜欢实物。

喜欢乌篷船、水浪纹、褶衣彩带;喜欢陶瓶、水果、布幔、鱼与黑鸟。有两个人画的黑鸟,我念念不忘:朱耷与勃立克。

我喜欢人物。

喜欢水手、小丑、渔夫、裸妇、琴师、舞者;喜欢姿态、眼神、步调和肌肤。如果天使也是人物,我也喜欢天使。天使都长着巨大的翅膀,泉州开元寺的飞天也不例外,只有敦煌的飞天没有翅膀,靠飘带飞舞。

陶渊明正在吃菊花吗?明代盛行山水和花鸟,然陈洪绶独绘人物。他的白描水浒叶子,头上遍插花叶(会是茱萸么?)的,竟然都是男子汉:小旋风柴进,浪子燕青,还有拼命三郎石秀。时迁偷的是只华丽的雉鸡,史进身上满布夔纹的云龙。

不耐看的画我照样看。

阿刚眩目,但像群宴的彩虹;蒙特里安机械化,配上音乐看却充满动感。前拉斐尔画派流于纤巧,仍孕育点书卷气;普普艺术毕竟粗疏,然而散发反叛的声音。郎世宁滞于工整,但高度传真,看他一卷《木兰图》,等同阅读一遍皇帝狩猎的故事。画者只需严肃创作,态度诚恳,成败得失,不足以论英雄。

卢梭那些狮虎出没的热带植物林,可以挪作不错的糊墙纸,可他是素人画中的奇葩。杜香为蒙娜丽莎加上两撇八字胡须,看来戏谑,我只觉庄严。米罗把绳织并贴在画布上,呈现物质肌理的绝佳对比。

我喜欢讲故事的画。

李公麟的《维摩演教图》讲维摩说法,天女散花,文殊的大弟子遭天女抖落的花朵粘满袈裟了。"练习未尽,花著身耳",这是大乘的教义。

我喜欢连环图。

西斯廷天顶上是米开朗琪罗画的一套《创世纪》故事:划分光暗、创造日月、创造水陆、创造亚当、创造夏娃、逐出乐园、挪亚献祭、挪亚方舟和挪亚醉酒。一连9幅大壁画,是连环画,像一本画在墙上的故事书。

我喜欢卷轴画。

顾闳中用5幅以屏风相隔的连环图来讲述韩熙载夜宴,那么多的人,就像古埃及的壁画,主要人物画得特别大。德明和尚不好意思看王屋山跳"绿腰舞",别过头去看韩熙载击鼓。除了羯鼓,乐器方面还有琵琶、箫、笛、檀板和笙篥。看看那名琵琶伎,坐在锦墩上,穿水绿衣,系淡红裙,罩紫色彩金帔,梳高髻,插凤翅,着云头鞋。看看那套杯盘,影青带温碗的执壶,带托的酒杯,典型的五代宋青瓷器皿。画里的桌案家具、织绣花纹,无不细节详尽。

我喜欢细节详尽。

我喜欢走马灯。

如果要我糊一盏走马灯，我就会选张择端的《清明上河图》了。那条河将永远流不尽。古希腊那位哲人赫拉克利特的学生克拉底鲁又怎么说呢？人连一次也不能踏进同一条河流。一切皆流，一切皆变，可惜他没有真正领会老师的辩证法。《清明上河图》是一幅流动的风景，房子鳞次栉比，路上满是骡子、毛驴、马匹、牛车、轿子和驼队，夹杂着和尚、道士、乞丐、官吏、江湖郎中、算命先生、商贾、船夫和摊贩。拿一个放大镜来，可以一厘米一厘米地仔细看画里的船钉、席纹、水绉、叠瓦、排板、伞骨、虹桥和彩楼欢门。衙役在官署门前打盹睡觉，十字街头，打扮得像取西经那玄奘似的行脚僧走过来了，经过赵太丞家门外那口四眼井，经过一座围着许多人听说书的茶棚。啊啊，茶棚里的说书人，他正在讲什么故事呢？

我喜欢听故事。

让我到茶棚里去坐一回，听一阵子故事再说。

心灵体验

《看画》是篇写得很随意的小文章，从一张大矮凳、一张小矮凳说起，到色彩，到实物，到讲故事的画，到连环画，到卷轴画，说着说着竟说到走马灯，说书人——可就在这随意挥洒里，读者体会得到她的感觉与文字的灵气：敏感、聪悟、举一反三、富于想像。

放飞思维

1.文章题为《看画》，最后却写到茶棚里去听故事，这样写是否离题了？

2.文章阔阔都用"我喜欢"开头，你认为这样写好在哪里？

三方净土转轮来：灰白黑

◆吴冠中

> 暮年，人间的诱惑、顾虑统统消退了，青年时
> 代的赤裸与狂妄倒又复苏了。吐露真诚的心声，是
> 莫大的慰藉，我感到佛的解脱。

　　青年时代，崇强烈：马蒂斯的色、凡·高的热，求之不得。50 年代回到祖国，不愿学舌。不学西洋人的舌，也不学自家人的舌，哪怕你是皇亲国戚。于是孤独，寂寞，茫茫！孤独者岂无钟情，爱我乡土。江南多春荫，色素淡，平林漠漠，小桥流水人家，一派浅灰色调。苏联专家说江南不适宜作油画。我自己的油画从江南的灰调起步，游子眼底，故乡浸透着明亮的银灰。艺途中跋涉了长长的灰色时期，也许人生总是灰暗苦涩，也许摸透灰调非数十年不入门。

　　不知不觉，有意无意，由灰调进入白色时期。依依恋情：白墙、雪峰、羊群、云海、浪花，白、白的虚无……白色的孝服，哭坟的寡妇扣人心弦，但画不得。"若要俏，常带三分孝"，令人赞叹民间的审美观。在宣纸厂看造纸，一大张湿滚滚的素纸拓上墙面烘干，渐渐转化成一大幅净白的画面，真是最美最美的图画，一尘不染。此时我渴望奋力泼上一块乌黑乌黑的浓墨，则石破天惊，艺术效应必达于极点。世界上新潮展览层出不穷，如代表中国新潮参展，我希望展出一方素白的无光宣纸与一块墨黑的光亮漆板。

　　行年七十后，我终于跌入、投入了黑色时期。银灰或素白，谦逊而退让，与人民大众的审美观矛盾不大。求同存异，我之选择银亮与素净也许潜伏着探求与父老乡亲们相通语言的愿望，属于风筝不断线范畴内的努力吧！意识形态在变异，五十年换了人间，中国人民心眼渐开，审美观不断提高，我先前担心他们能否接受抽象的考虑已是迂腐之见了。任性抒写胸怀吧！人们的口味也进入多种多样的商品味，信任他们的品评吧！我爱黑，强劲的黑，黑的强劲，经历了批黑画的遭遇，丝毫也割不断对黑之恋。黑被象征死亡，作丧事的标志，正因这是视觉刺激之顶点。当我从具象趋向抽象时，似乎与从斑斓彩色进入黑白交错是同步的。

　　暮年，人间的诱惑、顾虑统统消退了，青年时代的赤裸与狂妄倒又复苏了。吐露真诚的心声，是莫大的慰藉，我感到佛的解脱。回头是岸，回头遥望，走过了三方净土：灰、白、黑。

心灵体验

从灰到白到黑,是画布上设色的三个阶段,是艺术的三种境界,也是画家一生思想的变迁旅程:初时的赤裸与狂妄,带着年少的满腔热血,强烈中甚至有一点儿偏激。经历了岁月的淘洗,艺术的升华,渐渐化作澄明的体悟,凝聚在其中,能够总结出三方净土,是对人生与艺术都有了充满智慧的观照。

放飞思维

1.作者如何从三色来表现自己一生的思想变迁?
2."我感到佛的解脱",这种"解脱"是指什么?

"梅杜萨"重见天日

◆朱 江

画中的人物弓着背,屈着双膝,伸着胳膊,他们已经望见了远处的船影。

《梅杜萨之筏》是法国画家籍里柯的油画。它描绘的是1816年7月法国远航舰船"梅杜萨"号遇难后,被遗弃在木筏上的人们的悲惨场面:从画的近景我们可以看到尸体的小腿肉已被幸存者剜来充饥。画中的人物弓着背,屈着双膝,伸着胳膊,他们已经望见了远处的船影。整个画面触目惊心,摄人魂魄。

事隔160多年以后的今天,"梅杜萨"号三桅战舰的残骸居然被找到了。1980年冬季,法国三艘机帆船带着精密的探测仪器从德·罗什福尔出发,根据航海资料记载,来到遇难地点:北纬19°53′42″,西经19°20′34″,离毛里塔尼亚海岸50公里的地方寻找确切的证据。自1980年11月4日至1981年1月5日,他们在布朗海岬附近先后打捞起一大堆战舰的残骸,有老式的铁锚、铅制成的甲板泄水孔、18世纪的铜船钉和青铜炮,还有不少砖块。据当时脱险人员回忆,1816年6月30日夜晚,"梅杜萨"号舰船上的面包炉引起了火灾,船上的人把炉子给捣毁了。这些砖块如今终于重见天日,成了历史的见证。此外还发现好多碗碟的碎片、沉甸甸的压舱石。在所有打捞上来的宝贝中,最有说服力的是一枚铜船钉,上面铭刻有FR,即Fozges de Rochelozt(德·罗什福尔铁匠铺)的缩写。根据某些航海史学家记载,

"梅杜萨"号是 1810 年在德·罗什福尔建造的,这是一艘长 50 米的三桅战舰,航行平稳安全,航速又快,拿破仑曾一度想搭乘这艘舰船逃到美洲去。

1816 年 6 月 17 日,"梅杜萨"号挂着白色信号旗,满载着 380 个旅客,其中包括王室高级官员,从塞内加尔启航。船长是一个昏庸无能的逃亡贵族,他在船上瞎指挥,对其他水手的意见充耳不闻,最后"梅杜萨"号在西非的布朗海岬触礁沉没。船长和一批官员登上救生船纷纷逃命,而其余 150 余名水手和乘客却被遗弃在一只临时装置的木筏上,听凭风浪的摆布,历险 13 天,受尽饥渴的煎熬,最后遇到一只海船脱险,获救时只剩下 15 名幸存者……

籍里柯是 19 世纪一个有志于创新的画家,他的理想是在现实生活中取材,继承文艺复兴时期的画风。他花了一年工夫终于完成了这件作品,于 1819 年在法国沙龙展出,轰动一时。路易十八拄着手杖,步履蹒跚地来到展厅,在这幅长 7.16 米、宽 4.91 米的巨幅油画前伫立良久,然后转身对作者说:"籍里柯先生,船舶失事不会像你们艺术家所描绘的那样可怕吧……"

心灵体验

文章从轰动一时的油画《梅杜萨之筏》落笔,揭示了"梅杜萨"号舰船遇难的真相。从行文之中,让读者感到事件的悲惨之极,整个事件的惨烈程度,摄人魂魄。

放飞思维

1. 人们找到哪些证据证明"梅杜萨"号遇难的真相?

2. 为什么路易十八说"船舶失事不会像你们艺术家所描绘的那样可怕"?

3. 欣赏名画《梅杜萨之筏》,说说你对画面的感觉。

艺术至高无上(节选)

◆冯骥才

> 那么,印象派画家布丹、莫奈、西斯莱以及库尔贝、波德莱尔、罗梭等等,就是为这座古城独特的风貌而来的吗?

我之所以离开巴黎,专程去到大西洋边小小的古城翁弗勒尔,完全是因为这地方曾使印象派的画家十分着迷。究竟什么使他们如此痴迷呢?

由于在前一站卢昂的圣玛丽大教堂前流连得太久,到达翁弗勒尔已近午夜。我们住进海边的一家小店,躺在古老的马槽似的木床上,虽然窗外一片漆黑,却能看到远处灯塔射出的光束来回转动。海潮冲刷堤岸的声音就在耳边。这叫我充满奇思妙想,并被诱惑得难以入眠。我不断地安慰自己:睡觉就是为了等待天明。

清晨一睁眼,一道桥形的彩虹斜挂在窗上。七种颜色,鲜艳分明。这是翁弗勒尔对我们的一种别致的欢迎么?

推开门又是一怔,哟,谁把西斯莱一幅漂亮的海港之作堵在门口了?于是我们往画里一跨步,就进入翁弗勒尔出名的老港。

现在是11月,旅游的盛季已然过去。五颜六色的游船全聚在港湾里,开始了它们漫长的"休假"。落了帆的桅杆如林一般静静地竖立着。只有雪白的海鸥在这"林间"自在地飞来飞去。有人对我说,你们错过了旅游的黄金季节,许多好玩的地方都关闭了。然而,正是由于那些花花绿绿、吵吵闹闹的"夏日的虫子"都离去了,翁弗勒尔才重现了它自始以来恬静、悠闲、古朴又浪漫的本色。

古城就在海边。一年四季经受着来自海上的风雨。这就使得此地人造屋的本领极强。在没有混凝土的时代,他们用粗大的方木构造屋架。木头有直有斜,但在力学上很讲究;木架中间填上石块和白灰,屋顶铺着挡风遮雨的黑色石板,不但十分坚固,而且很美,很独特,很强烈。翁弗勒尔人很喜欢他们先辈这种创造,所以没有一个人推倒古屋,去盖那种工业化的水泥楼。翁弗勒尔一看就知:它起码200岁!

那么,印象派画家布丹、莫奈、西斯莱以及库尔贝、波德莱尔、罗梭等等,就是为这座古城独特的风貌而来的吗?对了,他们中间有不少人,还画过城中那座古老的木教堂呢!

我在挪威斯克地区曾经看过这种中世纪的完全用木头造的教堂。它们已经完全被视做文物。但在这里，它依然被使用着。奇异的造型，粗犷的气质，古朴的精神，非常迷人。翁弗勒尔的木头不怕风吹日晒，木教堂历经数百年，只是有些发黑。它非但没有朽损，居然连一条裂缝也没有。

我注意到教堂地下室的外墙上有一种小窗，窗子中间装一根两边带着锯齿的铁条，作为"护栏"。这样子挺凶的铁条就是当年锯木头的大锯条吧！那么里边黑糊糊的，曾经关押过什么人？这使我们对中世纪的天主教所发生的事充满了恐惧的猜想。

教堂里的光线明明暗暗，全是光和影的碎块，来祈祷的人忽隐忽现。对于古老的管风琴来说，木头的教堂就是一个巨大的音箱。赞美圣母的音乐浑厚地充满在教堂里。再有，便是几百年也散不尽的木头的气息。

教堂里的音乐是管风琴，教堂外的音乐是钟声。每当尖顶里的铜钟敲响，声音两重一轻，嘹亮悦耳，如同阳光一般向四外传播。翁弗勒尔的房子最高不过三层，教堂为四层楼房；钟声无碍，笼罩全城。最奇异的是，城内的小街小巷纵横交错，这空空的街巷便成了钟声流通的管道。无论在哪一条深巷里，都会感到清晰的钟声迎面传来。

最美的感觉当然就在这深巷里。

我喜欢它两边各种各样的古屋和老墙，喜欢它们年深日久之后前仰后合的样子，喜欢它随地势而起伏的坡度，喜欢被踩得坑坑洼洼的硌脚的石头路面，喜欢忽然从老城里边奔涌出来的一大丛绿蔓或生气盈盈的花朵……我尤其喜欢站在这任意横斜的深巷里失去方向的感觉。在这种深巷里，单凭明暗是无法确认时间的：正午时会是一片蓝色的幽暗，天暮时反而会一片光明——一道夕阳金灿灿地把巷子照得通亮。

在旅游者纷纷离去之后，翁弗勒尔又恢复了它往日的节奏与画面。街上很少看见人，没有声响，常常会有一只猫无声地穿街而过。店铺不多，多为面包店、杂品店、服装店、酒店、船具和渔具店，还有几家古董店，古董的价钱都便宜得惊人。对于钟情于历史的翁弗勒尔来说，它有取之不尽的稀罕的古物。

在那个小小的城堡似的旧海关前，一个穿皮衣的水手正在挺着肚子抽着大烟斗，一只猎犬骄傲地在他身边；渔港边的小路上，一个年轻女子推着婴儿车悠闲地散步，婴儿的足前放着一大束刚买来的粉色和白色的百合；堤坝上，支个摊子卖鱼虾的老汉对两位胖胖的妇女说："昨天风大，今天的虾贵了一点儿。"

这些平凡又诗意的画面才是画家们的兴奋点吧！

我忽然发现天空的色彩丰富无比。峥嵘的云团堆积在东边天空，好似重峦叠峰。有的深黑如墨,有的白得耀眼,仿佛阳光下的积雪。它们后边的天空,由于霞光的浸入,纯蓝的天色微微泛紫,一种很美很纯的紫罗兰色。这紫色的深处又凝聚着一种橄榄的绿色。绿色上有几条极亮的橘色的云,正在行走。这些颜色全都映入下边的海水中。海水倒影,映入海中的景物全是色彩。海水晃动,所有色彩又混在一起。这种美得不可思议的颜色怎么能画出来呢?

我的伙伴问我什么时候去参观"布丹美术馆",他说那里收藏着许多印象派在翁弗勒尔所作的画。我说,现在就去。他笑了,说:"你真沉得住气,最后才去看画。"

我说:"要想了解画家,最好先看看吸引他们的那些事物。"

心灵体验　　本文是一篇游记,主要记叙了作者在翁弗勒尔这座海边小城所看到的和感受到的美。文章线索分明,脉络清晰,在循着作者捕捉美的行踪线索的过程中,读者也体味了艺术的至高无上。

放飞思维　　1.理清作者游记的行踪线索,并说出翁弗勒尔到底有哪些独特。

2."要想了解画家,最好先看看吸引他们的那些事物。"你能谈谈对这句话的理解吗?

把寂寞缝起来

◆喻丽清

寂寞时分人人会有，有的人寂寞起来要寻求
刺激才行，有的人却可以一针一线地把寂寞缝起来。

有人说，精细就是一种艺术，讲究也是艺术。中国菜为什么能享"美食艺术"之誉，主要就是因为做的时候讲究精细之故。我最近在奥克兰艺术馆看了美国的民间艺术之一：拼花棉被(Quilts)的作品展之后，真觉此言不虚。

Quilts 所用的技巧，跟中国人做棉袄是一样的。不过，棉袄止于实用，而Quilts 却演变成艺术了，思之惭愧。

从前美国拓荒时代的女人，跟中国旧社会里的女人所做的事情其实都差不了多少。我们绣花做布鞋，她们针织缝棉被。没出嫁的女孩儿，休闲时就给自己缝制嫁妆，已婚的女子就给婴儿做些小被小毯的，给大人准备御寒的衣物等等，总之，"女红"是必修的品德。可是，中国女子们可怜的是脚给缠小了，只好大门不出、二门不迈，低着头各绣各的。而美国的女子们，她们逢了下雨融雪的天气还可以组织"棉被会"，大家轮流到一个人家里合缝一床被子。

奥克兰艺术馆展出的作品当中，有用几百片碎布合制成的，二层布之间垫的那层棉花，每一小片缝下去，棉花便凸出来，那种立体的感觉很使人喜欢，仿佛能使人得到更多的温暖。他们还讲究正反两面的针脚大小粗细完全一样，简直像机器扎的。有位女士花 17 年的工夫才缝了一床，到后来她的先生、孩子看她做得如此津津有味，也忍不住帮忙缝起来。17 年的完成——就是一个生命，也要有惊人的改变：家里的小狗或许早已老死、摇篮里的婴孩要上大学了，女儿都已做了妈妈——而她，那个耐心的女人，却一针又一针地完成了一件不朽的艺术品。

自以为古老的国家，往往讥笑美国没有文化。美国人自己也挺有自知之明。这种起源亚洲和欧洲的"老祖母的艺术"，如今已被美国妇女们发扬光大而成为她们民间艺术里重要的一环，将来自然更要成为他们传统文化的一分子。见贤思齐，我不免想到我们的"刺绣"。

虽然现在已经用不着自己缝棉被了，可是美国妇女们并没有丢弃这种手艺。我曾经在一本《妇女杂志》上读到："我们生活上的细节，在某些方面而言，是愈来愈标准化了，然而我们的自我展现(Self-expression)却是愈来愈多彩多姿了。"她们能说这样的话,是多么的自豪,她们有这样的自知,又是多么的叫人钦佩。从前闻一多由美国回国时说:"苏俄女人中用不中看,美国女人中看不中用。"士别三日当刮目相看矣!

生活的标准化,能促使艺术的多元化,理论上大概是可以成立的。不过,寂寞时分人人会有,有的人寂寞起来要寻求刺激才行,有的人却可以一针一线地把寂寞缝起来——17年之后缝成艺术馆里的一床挂毯。

生活简化了,多出来的寂寞仿佛更多了。怎么样排解它呢? 艺术的催化或腐化,实在端看我们这点儿排解寂寞的能耐吧!

心灵体验

"把寂寞缝起来"这个题目别致、含蓄。缝制棉被是美国妇女一门"女红"功课。在缝制过程中,需要顽强的毅力,需要花费大量的时间,而美国妇女就是这样"一针一线地把寂寞缝起来"。从这寂寞中,表现了美国妇女对艺术的执著追求。作者通过这件事告诉我们:从事艺术生产的人都要有淡泊的心态,孜孜以求的精神。

放飞思维

1.怎样理解文题"把寂寞缝起来"?

2.17年缝制一床棉被这等傻事现在有人干吗? 你怎样看待这件事?

风流很近　风流很远

◆邓康延

> 三年后,三徒弟成了英雄,民众要为其立画,
> 丹青手恰好选了运笔设墨都极其娴熟的两位师兄。

一代画师有一天黄昏与三个弟子说禅论道,由空谈到色,由土谈到风,由土地的沉默谈到风流。

"给你们7天时间,各自画一幅风流出来。"大师布置道。

大徒弟去了城里闹市区,走集市,观戏园,穿宅院,描摹风情百种的佳人,倜傥满身的才子,勾画眉眼流波,玉臂揽胜,一张宣纸,世间男欢女爱传神透韵。

师傅看了点点头：颜色还行。

二徒弟直奔了山野，走过芳甸溪源，于山头听飞鸟长鸣，在谷底观蜂蝶起舞。山刚水柔，风烈草韧，洇满纸上。

师傅看了点点头：构架不错。

三徒弟哪都没去，在家构思了几天无果，适逢外族侵掠中原，一怒之下投笔从戎。那一张宣纸空了多年。

三年后，三徒弟成了英雄，民众要为其立画，丹青手恰好选了运笔设墨都极其娴熟的两位师兄。三位手足欢喜不已，唏嘘不已。临画前，师兄净手展开师傅留给他们三位的遗墨，书着一十六个狂草：

风流很近，风流很远，风流可画，风流无形。

心灵体验　　风流是什么？风流是时尚，风流是千古传颂的精神，风流是可感可知的，风流是没有定式的……每一个人的心目中，对风流的认识是不一样的，所以风流是变化的，无法用言语表达。

放飞思维　　1.文中最后的四句话是什么意思？试着理解。

2.文中的三个徒弟对风流各是怎样理解的？你又是怎样理解的呢？

真 假 古 董

◆何百源

　　　　把玩的时间长了，他突然生出一个感想：在欣赏价值这一点上，真品和赝品的作用是一样的。

读幼师班的女儿需要一本反映各朝代服饰的美术书籍，遍寻各书店而不获，于是央我代她寻找。后来经人介绍，说栾先生有这类书。通过联系，栾先生同意让我上他家去取。

我和栾先生本不认识，他是看在他一个朋友(也是我的朋友)的份上愿意给我帮这个忙。听朋友说，栾先生先前在一家贸易公司里当业务员，走南闯北到过许多的地方,前一两年才退下来的。

我终于在一座旧公寓楼里找到了栾先生。他待客的态度显得很有分寸感,既不过分热情,又不致令人感到遭受冷遇。他客气地将我迎进屋里。我第一眼看见我女儿需要的那本书已经放在茶几上。看来他家的住房并不宽敞,是那种80年代建的楼房里的一厅二房套间。让我颇感吃惊的是,客厅四周全部排满了古色古香的一柱到顶的古玩架,那上面井然有序地摆放着各种古玩,其中以陶瓷器皿为多。

"您还是古玩鉴赏收藏家?"我言出由衷地问。

他很随意地笑了笑,将给我斟的茶向我面前推了推,说:"不过是个门外汉,凑个热闹而已。"

我在电视和报刊上见识过不少古董收藏家。每个收藏家都有着极不寻常的经历。此刻我看见栾先生家里也摆放着这么多的古董,心想这一屋古物不知价值几何?我说:"看不出,这幢旧住宅楼里,隐藏着一座宝库。"同时,我想,栾先生的人生经历,也一定是一座精神的宝库了。

他说,他原先也不懂古玩,自然也从不收藏。那次出差去古城西安,一个新认识的朋友说可以介绍他去找关系用较低的价位买到一只出土的西汉时代的青铜三足酒杯。后来他真的以2.3万元的价位买下了。那朋友说,要是有机会遇到港澳或东南亚的文物收藏家,卖个十二三万不成问题。回到广州,栾先生请文物商店鉴定了一下,方知那是仿真技术很高的赝品,只值二三十元。

回家后,他像收藏真古董一样将这赝品珍藏起来,闲来无事时拿出来把玩,想像着2000多年前君王大宴群臣的排场和盛况。把玩的时间长了,他突然生出一个感想:在欣赏价值这一点上,真品和赝品的作用是一样的。

也许就是这一"顿悟",使他养成了收藏假古董的雅兴。在本市的旧货市场,在北京郊区的"出土文物天光集市",在南昌滕王阁旁的仿真陶瓷一条街,乃至他足迹所到之处……他常常以很便宜的价位,买到粗看和真古董没什么区别的假古董,并且一一陈列在家中的古玩架上,至今已有2800多件。

真可谓假作真时真亦假。80年代末,有一次他在松风路路边地摊上以几元钱的代价买到一个瓷笔洗,想不到后来经文物专家鉴定,是属于明代洪武年间的官窑所产,虽不至价值连城,可市场价值也实在不菲。

在栾先生古玩架上,还整齐地摆放着许多诸如《如何鉴别古瓷器》、《中国历代钱币探源》之类的彩印书籍。栾先生笑着对我说:"熟读唐诗三百首,不会吟来也会凑。我看这类书多了,如今纸上谈兵式地和收藏家们侃侃收藏经,也俨然半个行家里手呢!"有一次,他故意拿着一件只花费10多元钱买来的仿真瓷器,请一位资深文物鉴藏家鉴定,并一再声明,这回很可能是上了别人的当。没想到那鉴藏家用放大镜考究一番，又翻查了有关古籍，竟言之凿凿说那是元代的青花瓷。栾先生很不容易才强忍住笑，很小心地将那"青花瓷"抱回了家。

"世间事，真与假都只是相对的。"栾先生悠然地吸了一口烟，很有道学风度地说，"没有真也就无所谓假；但若没有假，也就无所谓真了！"

心灵体验

《红楼梦》里有一句话："假作真时真亦假，无为有处有还无。"文章讽刺了"世间事"的可笑，特别讽刺了像假鉴藏家一样徒有虚名的人。读了本文，或许对你有某些启示。

放飞思维

1. 文章的开头从借书写起，有什么作用？

2. 这篇文章主要是讽刺栾先生好收藏假古董来附庸风雅吗？说说你的理解。

3. 读了这篇文章，谈谈你对真与假的理解。

渡

◆[美]许达然

那挣扎的船夫，也许是这船夫的父亲，也许还是船夫，总撑着一群生命的意义；而他却放逐自己在外追求意义，大声讲话后，静静画着远离漩涡的岸。

悠悠过河的小船上是两个衣着褴褛的人。

"你懂哲学吗？"

"不懂。"

"那你人生的意义少掉十分之一了。哲学能加深你的思想。你懂音乐吧？"

"我常听不懂你们的歌。"

"那你人生的意义又少掉十分之一了。音乐能丰富你的感情。文学呢？"

"我不识字。"

"那你人生的意义又少掉十分之一了。文学可以扩展你的境界。你总看懂画吧？"

"不一定懂。"

"唉!你人生的意义差不多只剩一半了,我们都需要真善美,利用文化提高生活。"

"生活!生下来以后就想活下去,总要活着才能讲究加深、丰富、扩展与提高啊!喂,问了一大堆,你是干吗的?"

"我是艺术家。"

忽然一阵大风吹来几堆大浪,搅乱了漩涡,摇撼着小船,颠簸欲翻的船上,镇静的船夫问慌张的艺术家:

"你会游泳吗?"

"不会。"

船翻。船夫没捞那些掉落在水里的艺术品,他勇敢地把艺术家活活带到对岸后,频频喘气。

"下次回来我一定画你的船。"艺术家说。

船夫仍喘着气,没说什么。艺术家说完后勇敢地走自己的路,却忘记了船夫的死活。一路上他为艺术而艺术,画画画,画了没人看没人买也画。不画憔悴的自己,就画外在的东西。画画画,一直画到有人买。别人买了虽然不一定欣赏,但总算肯花钱了。艺术家终于卖出了名,有了钱就想回家,要回家又得过河。

小船上,衣着漂亮的艺术家端详着衫裤褴褛的船夫。船夫使劲撑着船,身体虽健壮,却掩饰不了年岁的侵蚀。

"你是从前的那个船夫吧?"艺术家问道。

"不,我是他的儿子。"船夫回答。

"你父亲呢?"

"死了。"

"为什么?"

"问题不是为什么,而是为谁?"

"为谁呢?"

"为了一个艺术家,他拼命游。艺术家仍活着,我老爸却死了。很久了。"

"那艺术家是谁?"

"不知道。听说爱画有意义的漩涡,却不会游泳。喂,问了一大堆,你到底是干吗的?"

"我是艺术家。没想到为了一个艺术家,你父亲竟牺牲生命。我认得你父亲,当时我觉得他撑着船不求生命的意义。撑船清苦,为什么你也做船夫?"

"问题不是为什么,而是为谁!回答只因我愿意。大家还没造桥,若无船夫,就不能过河了,而没人愿意在同一条河上带不同的人渡来渡去。"

"为什么你不做别的事?"

"问题不是为什么,而是为谁。我原是泥水匠,还无能力造桥,不如撑船给人过河,过河后别人有更长的路要赶,有更有益的事要做。何况我知道哪里危险,像你这种来观光的人又多,有的就欣赏风景,把河流当花朵,硬说草原雅致,疏忽隔离两岸贫困的河,以致掉进水里去了。"

"我可不是来观光的,我过河要回家,而且我答应为你父亲画船。"

"船画得再美也不能带你过河,画人和漩涡争游吧!"

"但我只画静物,从不画自己不懂的。"

"静物你就都懂吗? 船,你不一定懂却也坐在上头。"

船夫又默撑着船,艺术家又默看自己坐在上头,船夫吃力地载他横过漩涡。漩涡在他的脑海里翻滚,他抱住浪,船夫抱住他挣扎着要排开浪。那挣扎的船夫,也许是这船夫的父亲,也许还是船夫,总撑着一群生命的意义,而他却放逐自己在外追求意义,大声讲话后,静静画着远离漩涡的岸。

上岸后艺术家往故乡走去,说回家后要画故乡的动静。船夫又赶着载人撑船,没说什么。

心灵体验

　　船夫用生命挽救了艺术家,他虽然不懂哲学,不懂音乐,但他懂得生命的重要。他不但把人渡运到彼岸,还把人的追求、理想、幸福与安康渡运到彼岸。船夫才是真正的哲学家。船夫与他的儿子是在做有益于人的事,他们是在做船的事,也是在做桥的事,更是在做渡运人生的事。

放飞思维

　　1.从船翻之前的对话,可以看出船夫和艺术家有何差异?

　　2.老船夫儿子的答话反复强调了哪句话,从这一句中你悟出了什么?

　　3.作者借船夫父子、艺术家这三个形象,意在说明什么道理?

画家和他的孙女

◆王奎山

婷婷还画了一只老母鸡。老母鸡下了一个蛋。那蛋比老母鸡还大。婷婷就拿那画去参加西班牙的一个国际儿童画展。结果，婷婷还得了一等奖。

画家有一个6岁的孙女。6岁的孙女叫婷婷。婷婷也喜爱画画。

婷婷画了一棵树。

他说："婷婷，你画的树不对。"

婷婷说："怎么不对？"

他说："树枝不对。"

婷婷说："树枝怎么不对呢？"

他说："树枝怎么能比树干粗呢？"

婷婷说："树枝怎么不能比树干还粗呢？"

他说："那就不是树了。"

婷婷说："不是树你怎么说是树呢？"

他无话可说了。

婷婷画了一只小兔子。

他说："婷婷，你画的小兔子不对。"

婷婷说："怎么不对呢？"

他说："兔子有红色的吗？"

婷婷说："兔子怎么会没有红色的呢？"

他说："你见过红色的兔子吗？"

婷婷说："没见过的就没有吗？"

他说："那就不是兔子了。"

婷婷说："不是兔子你怎么说是兔子呢？"

他没话说了。

婷婷画了一匹马。

他说："婷婷，你画的那马不对。"

婷婷说："怎么不对呢？"

他说："马有翅膀吗？"

婷婷说:"马没有翅膀。"

他说:"那你为什么给马画了翅膀呢?"

婷婷说:"我想让马长出翅膀来。"

他说:"那就不是马了。"

婷婷说:"不是马你怎么说是马呢?"

他又没话说了。

婷婷还画了一只老母鸡。老母鸡下了一个蛋。那蛋比老母鸡还大。婷婷就拿那画去参加西班牙的一个国际儿童画展。结果,婷婷还得了一等奖。

画家心里就犯嘀咕:"这洋人,怎么跟小孩子没二样儿呢?"

心灵体验

　　文中画家爷爷同婷婷的一段对话,画家是站在客观实际的立场上看婷婷的画,而婷婷的思维是无拘无束的。这段对话启示人们,应该肯定儿童奇思妙想的合理性,人类思维方式的重大改变将会给人们带来意想不到的收获。

放飞思维

　　1.婷婷的画有哪些反常之处?这说明了什么?

　　2.如果你在国际儿童画展中任评委,你会给婷婷的画评什么奖?说说你的理由。

　　3.你曾经有过哪些奇思妙想,说给大家听听。

直击心灵的一瞬

◆黄蓓佳

　　离开他们的时候，我的脑子里恍恍惚惚想到了很多个名词:福利、慈善、教育、素质、义务……最终盘踞不散的只有一个字:爱。

　　悉尼艺术馆的大厅里漂浮着咖啡的香味,让你感受着艺术之外的日常和悠闲,以及把辉煌的历史和庸常的世俗连接在一起的和谐。我看到大厅一角聚集了奇形怪状的一堆人:一半是四五岁、六七岁的孩子,一半是他们的父母。孩子们盘腿坐在五颜六色的海绵坐垫上，父母们却在肥大的屁股下支一个简易小马扎，坐得别扭而且辛苦。有人干脆放弃了座位，在外圈站着，双手抱臂，或者以手支颐，一样的屏息静气，满脸严肃。在人群中央，是一副用木架支起来的大幅画作，画的是热带丛林的景象：树、草、花、溪流、长颈鹿、斑马、鳄鱼、老虎……单线条勾勒的植物和动物热热闹闹地挤在一起，像是中学生对地理书插图的简单临摹。站在画幅前的中年人却是典型的艺术家派头：秃脑袋、大肚腩、松松垮垮的圆领汗衫和夹克，左手的五指间夹了数十根彩色粉笔，一边眉飞色舞地对听众讲述着什么，一边交替使用指缝间的粉笔，为画布上的花草和斑马、老虎们涂上花花绿绿的颜色。稚气十足的画面顷刻间漂亮起来，生动起来：鲜花怒放，绿树成荫，长颈鹿仰脖吞食树叶，斑马在溪边低头喝水，老虎在草丛中警惕地盯住爬上岸来的鳄鱼……艺术家面前的小观众们开始兴奋，有孩子晃晃悠悠地站起来了，也有孩子控制不住地尖叫，手指着画面摇摆身体，或者跺脚。

艺术家模样的人忽然抓起一块湿布，把他刚涂上的彩粉嚓嚓地抹个干净。然后他扬着指缝间的粉笔，弯下腰，笑容可掬地对孩子们说了些什么，眉眼和语气中充满热望和诱惑。我听不懂他的话，凭直觉知道他是在鼓励孩子们走上去为画面重新涂色。于是一个四五岁的小男孩高高地举起了手。艺术家一迭声地称赞他："好！很好！你是个勇敢的孩子！"

当那个小男孩胖胖的母亲一步跨过去，小心挽起儿子的手，把他带到画幅面前时，我震惊地发现这不是一个普通的孩子，这是个看不见世界的盲童，他甚至不能独立走过座位到画布间的短短距离。

艺术家问他：想给什么涂上颜色？盲童回答：花。艺术家递给他一支红色的粉笔。盲童摇头，不接，他要自己挑选颜色。他的小手在艺术家手心中一大堆粉笔中摸索，小心地选择，甚至一支支拿起来放在鼻子下面闻它们的味道。最后他严肃地选中了其中一支，是黑色的。他居然挑了一支黑色的！他在艺术家的帮助下，给画上的花朵涂上了黑色。他被母亲引领着走回座位时，满脸洋溢着成功的喜悦，额头和鼻尖都闪耀着晶亮晶亮的光。所有他的观众——艺术家、孩子们、家长们、围观的人们，无一例外对他报以热烈的掌声！

接着举手的是一个智障女孩：双眼分得很开，嘴巴微微地张开着，走路的步态摇摇晃晃。她选择了长颈鹿。她一笔一笔认认真真地为长颈鹿涂上了鲜亮的绿色。也许绿色是她最喜欢的颜色。最喜欢的颜色给了她最喜欢的动物，多么开心！她放下粉笔，自己先为自己拍手，笑得口水都淌出来了。

那个聋哑孩子是比较聪明的一个，看他的眼睛就能明白他是有想法的小人儿。他走到画架前，用手语跟艺术家进行了一番沟通，然后他选择褐色和浅黄色的笔为斑马穿上花衣。斑马的花纹应该是黑白两色吧？奇怪，它穿上聋哑孩子为它设计的黄色时装,居然也很漂亮啊,而且神气得像活了一样,像要走下画布用舌头温顺地舔那孩子的手……

就这样,一个又一个孩子走上去,给画上的动物们涂抹着奇怪的颜色:红红,黄黄,蓝蓝。所有漂亮的颜色都是他们精心挑选出来的,是他们认为应该这样的。所有的颜色又都被那个有权威的艺术家所肯定,所鼓励,所赞许。漫长的时间里,我目不转睛地看着眼前奇特的一幕,一直到目光模糊,鼻腔酸热。离开他们的时候,我的脑子里恍恍惚惚想到了很多个名词:福利、慈善、教育、素质、义务……最终盘踞不散的只有一个字:爱。

心灵体验

作为智残儿童,他们应该得到尊重,他们也应该有尊严,尽管他们的生理缺陷使他们变得脆弱,正因为脆弱所以我们应该用超出对正常人的尊重来爱他们。这种尊重是一种纯真的爱,一种看到自己好友有困难而伸手相助的无意识的爱。

放飞思维

1.文中的艺术家代表一个怎样的形象?

2.读读文中描写孩子们涂色的语言,说说这些描写有何特点。

3.关爱残疾人是一个全社会的义务,我们应该为残疾人做些什么,请你提出几点建议。

父爱无价

◆佚 名

儿子的这幅肖像画成了他最为珍视的财产,它使得他对世界各地的博物馆里收藏的那些所谓无价珍品的兴趣也黯然失色。

很多年以前,有一个非常富有的男人和他那年轻的儿子生活在一起,他们两人都非常热爱收藏艺术品。他们一起环游世界,并且只把最好的艺术珍品添加进他们的收藏品中去。它们被挂在他们家中的墙上,装饰门庭。当这位日渐衰老的鳏夫看着他那惟一的儿子成为一位经验丰富的艺术品收藏家的时候,心里就感到非常欣慰。尤其令他引以为豪的是,当他们与世界各地的艺术品收藏家进行交易时儿子那高超的鉴赏力以及敏锐的生意头脑。

那年冬天,他们的国家卷入了战争,因此,这个年轻人离开了家,奔赴前线,为国而战。仅仅才过了短短的几个星期,这位老人就收到了一封电报,说他那至爱的儿子牺牲了。心神狂乱的老人孤独寂寞地独自面对着即将到来的圣诞节,心里充满了痛苦和悲伤。

圣诞节的早晨,一声敲门声唤醒了这位神情沮丧的老人。他打开房门,看见一位手里提着一个非常大的包裹的士兵正向他敬礼。

士兵向老人自我介绍道:"我是您儿子的一位朋友。我有一些东西要给您看。"

老人小心翼翼地打开包裹,里面露出一张纸。他轻轻地把它展开,原来是一幅肖像画,画的正是他那至爱的儿子。虽然,这幅画不是出自一位天才画家之手,自然也称不上是天才之作,但是它对那个年轻人脸部的细节特征把握得很准,可以说是惟妙惟肖。

睹物思人。看着儿子的肖像画,老人仿佛又看到了儿子一样,老泪纵横,久久说不出话来。良久,他才强忍住悲伤,向眼前的这位士兵道谢,并说他将把这幅肖像画悬挂在壁炉的上方。

儿子的这幅肖像画成了他最为珍视的财产,它使得他对世界各地的博物馆里收藏的那些所谓无价珍品的兴趣也黯然失色。他还经常对邻居们说,这幅画是他迄今为止收到的最珍贵的礼物。

春天到了。可是这位可怜的老人却得了一场大病,不久就去世了。根据老人的遗愿,他所收藏的绘画珍品将在新的圣诞节那天拿出来拍卖。

圣诞节终于到了。那些艺术品收藏家从世界各地聚集到了拍卖现场,热切地盼望着竞买那些世界上最引人入胜的绘画珍品。

拍卖会由拍卖一件任何一家博物馆的藏品目录上都没有的绘画作品开始。它就是那个老人儿子的肖像画。拍卖师向众人征求一个拍卖的底价,但是会场里却像死一般沉寂。

"有谁愿意出价100美元买下这幅画吗?"拍卖师问道。

仍旧没有人说话。又过了一会儿,从拍卖厅的最后面传来一个声音:"谁要买那幅画啊?它只不过是他儿子的肖像画。快把那些珍品拿出来拍卖吧!"

顿时,赞同声、附和声此起彼伏。

"不,我们必须首先拍卖这一幅,"拍卖师答道,"现在,谁愿意买下他儿子的肖像画？"

最后，老人一个并不富有的朋友说话了："10美元你愿意卖吗？那样的话，我就可以买下它了。"

"还有没有人愿意出更高的价钱？"拍卖师大声问道。拍卖厅里越发安静下来。片刻之后，他喊道："10美元一次，10美元二次……好，成交！"

拍卖槌重重地落了下来。顿时，拍卖厅里人声鼎沸，庆贺声不绝于耳，有人叫道："现在，我们可以竞买那些珍品了吧！"

此刻，拍卖师无声地环顾了一下群情激奋的观众，郑重地宣布："拍卖到此结束！按照这位老人，当然也就是肖像画中那位儿子的父亲的遗愿，谁买下那幅肖像画……"拍卖师顿了一下，遗憾地看了看众人，"谁就可同时得到他所收藏的全部珍品！"

心灵体验

讴歌父爱的文章不计其数，表达父爱的方法也各有特色，而这篇《父爱无价》可以说是用别具一格的方式表达了一个老人对儿子深沉的爱，这种爱是一种忧伤，是一种怀念，更是一种珍视。

放飞思维

1．开篇突出收藏家儿子高超的鉴赏力以及敏锐的生意头脑，对表现主题有什么作用？

2．怎样理解"这幅画是他迄今为止收到的最珍贵的礼物"？

3．请你想像一下宣布拍卖结束时参拍者的表情，并用50字左右描绘出来。

加州牛肉面

◆罗建华

加州不是他的家，但加州牛肉面还得吃下去，吃出味道来……

穿过"五月花"广场的时候，林郁急匆匆的脚步第一次放舒缓了一些，还仰起脸迎着夕阳金色的余晖。恰好教堂敲响晚礼拜的钟声，成群的鸽子从喷泉劲射的水柱旁掠过。几位黑人摇滚乐手走过来,向他露出了好看的白牙。

今天是个美妙的日子。林郁不禁哼着《美丽的加利福尼亚》,找了一家加州牛肉面馆,正经八百坐在餐桌旁,接受美国女招待的服务。一年多来,他一直在这样的馆子干洗盘子的苦差,至今也没有品尝出加州牛肉面和咱们兰州牛肉面有什么不同。

好了,总算幸运,他设计的小童凳,终于使一家儿童用品超级商场的老板点了头。美国佬真痛快,看中了,一下就拿出 5000 套的订单。在加州,成功往往在不经意之间。同是武汉来的一位电脑工程师,为停车场晒太阳的小汽车设计了折叠式钢丝白布篷,起了个俏皮的名字叫"汽车太阳镜",从老美的荷包里掏出大把大把钞票,如今开了两家公司哩。

回到寓所,林郁却不敢陶醉,伏在设计图上精心修改。这是一组竹节、树兜、蘑菇形状的小童凳,一个个富有中国园林的山野情趣,又有那么一点点西方抽象艺术的现代韵味。或许,这就是美国佬乐意说 OK 的妙处所在?

楼道里响起沉重的脚步声,接着响起沉重的关门声。林郁知道,这是邻居——一位著名的台湾流体力学家回来了。他原来好风光,供职于一家高科技军火公司,年薪让大陆人想都不敢想。偏偏"冷战"降下帷幕,经济萎缩,以高科技军火工业闻名的加州备受打击。他被炒了"鱿鱼",这几天正被迫在街头擦皮鞋。皮鞋,也需要流体力学吗? 林郁觉得有点开心。

加州牛肉面真不容易吃啊! 林郁为自己庆幸,不禁抓起床头的拉力器使劲拉了一下,仿佛要试试自己的力量。在用尽气力撑开最后一个回合时,他一眼瞥见床头妻子和女儿的照片,眼角一下迸出了泪花。

一切努力都十分顺利。林郁同家乡的一家工艺品进出口公司订了货,还点名挑选著名的星海钢琴厂承担油漆工艺。他要让小童凳闪烁中国国漆的古典光彩,柔和而凝重,体现东方文化的高雅与悠远,征服加利福尼亚和整个美利坚。

样品很快送来加州,果然出色,宛如一套精致的工艺品。国漆的光泽沉静温润,又拉出了木纹、竹斑……很适合贵夫人们去娇宠她们的小宝宝。美国的童凳太没文化,不是一段粗糙笨拙的原木,就是冷冰冰的钢制组装品。

林郁特意借了台湾流体力学家的高级轿车,去超级商场送样并确定交货期。他已胜券在握,让国内提前生产了 5 万套。

"NO,NO,"一位经销主管连连摇头,"林先生,你为什么修改设计,给这么有魅力的作品穿了一件多余的外衣?"

林郁完全出乎意料之外,急忙托起一只"蘑菇"说:"瞧,只有中国才能制造这么美妙的工艺品……"

"NO，孩子们不需要工艺品。他们只需要最原始、最自然、最亲切或者能唤起好奇心而动手去组合的东西。"

林郁懵了，只顾选择一些美丽的词语，夸耀中国的传统国漆工艺。

"NO，在我们美国人看来，越是漂亮的东西越不可靠。顾客们有充分的理由这么怀疑：只有非常糟糕的木料，才用得着刷这么好看的油漆……尽管我个人对你们的国漆工艺充满敬意。"

……

林郁又找了一家加州牛肉面馆洗盘子。半夜三更，饥肠辘辘扒拉牛肉面时，他依稀觉得味道与中国的牛肉面不太一样。

抬起眼，窗外一派灯红酒绿。加州不是他的家，但加州牛肉面还得吃下去，吃出味道来……

心灵体验

主人公林郁把他设计的小童凳做成了一套精致的工艺品，想征服加州以致整个美利坚，不料美国佬对他的"杰作"连连摇头。林郁努力过，最终却失败了。林郁只是一个对中美文化差异认识不够、缺乏同情心的失败的奋斗者。

放飞思维

1．文中穿插电脑工程师和流体力学家在美国的遭遇的意图是什么？

2．林郁原以为胜券在握，最终却失败了。林郁失败的原因是什么？

3．怎样理解文末"加州不是他的家，但加州的牛肉面还得吃下去，吃出味道来……"这句话的含义？

星期一下午的素描

◆田祥玉

我终于感到自己不再不幸也不再是一个人，
而且，我知道了学好素描的同时也要学会做人，我
要用成功去报答罗妮老师为我做的一切。

在我9岁的时候，母亲离开破产的父亲远嫁给了芝加哥的一位富商。事业婚姻接连受挫的父亲从此一蹶不振，我成了实实在在的弃儿。我几乎是在一夜之间长大，同时也认识到了这个世界的冰冷无情。

新到的班主任罗妮是一个20岁的大姑娘，虽然她有一头瀑布似的黑发，笑容也很亲切，但我对她有种天生的抵触情绪：她的样子跟我妈妈太相似了！罗妮每次都以最大的宽容来对待我的反叛，我对此不屑一顾。

罗妮老师教我们"美国近代史演变"。除了我，好像所有人都认为她的课讲得棒极了，这些肤浅的同学，他们往往以貌取人。

记得三年级快结束时，有一天放学后，等我在街上闲逛够了回到家，罗妮老师正和我爸爸聊得开心。我对罗妮的讨厌突然变本加厉，冲过去就朝她怒吼："别在我爸爸面前胡说八道！"罗妮老师很尴尬地起身走后，父亲为此又狠批了我一顿。这更加增添了我对她的反感。

其实，我也知道不该去酒吧喝酒跳舞，不该逃课满世界瞎逛，没有一点淑女的样子，更不该把对妈妈的仇恨全部发泄在罗妮老师身上。但这些想法只是在我晚上独自躺在床上时才有。

四年级时，班上来了个叫汉姆的素描老师。他一头金黄的鬈发，穿一套花白的牛仔。简单地自我介绍后，汉姆老师转身在黑板上画了起来。三分钟后，他神秘地转过身，用深邃的眼睛看着我，全班的同学也一起把目光投向我。黑板上是一个歪着嘴巴嚼着口香糖，跷着二郎腿的女孩。汉姆老师画的是我，虽然同学们都发出了轻蔑的耻笑声，但我却很喜欢这幅画，那是真正的我！汉姆接下来说："这个女孩很特别，有一种成熟的忧伤和纯真！"对于一个12岁的女孩来说，被别人夸作特别和成熟是一件多么自豪的事情。

汉姆老师为我画的素描深深地留在了我的心里。我坚信，再也没有人比他更洞悉我。我决心好好学习素描。在汉姆老师的课堂上绝不捣蛋，绝不逃课。

我买来大量的素描纸、铅笔，还有画夹，不分时间场合地学习素描。

其实，只要真正爱好一件事情，用心就会做得最好。我突然变成了素描迷，关注学校的每一场画展，省下零用钱买来很多素描指导书。虽然我的其他课程每次都是最后一名，但我的素描在班上已无人能比。汉姆老师很欣赏我，这也是我努力学习素描的重要原因。

我开始盼望周一下午素描课的到来；期待汉姆老师抱着大画夹走进教室，想像着他在讲台前站定打量教室一圈后将他深邃的目光投到我的身上；我深深陶醉于他每次轻轻扬起我的素描簿诡秘地宣布："南希的素描又是最好！"

汉姆老师说过："一个人一生只要成就某一方面的伟大，那他就是伟大的。"我对此深信不疑，我要为汉姆老师而成为伟大的素描画家。

然而，6月的一个下午，我却在一家商场发现了汉姆老师和罗妮老师在一起，他们亲热地牵着手。我绝望地跑回家，大哭了一场。为什么一切美好的东西都会被别人抢走，而我什么也没有？

第二天下午是罗妮老师的历史课，那天，她穿了条紧身的粉色毛线裙，幸福写满全身！我从抽屉里拿出一张大16开白纸，削尖了红铅笔就开始在纸上画，我要把罗妮画成丑八怪：腰和臀部一样粗，胸部袒露在外，笑容恐怖……尽管罗妮老师身材高挑、眼睛美丽、嘴唇丰润而且笑容灿烂。画完后，我满意极了，用黑铅笔在下面写上"罗妮女巫"。我幸灾乐祸地抬起头，罗妮还在讲台上讲得很起劲呢。我又拿出心爱的蓝铅笔，在"女巫"右边开始认真地勾画：披肩的鬈发、深邃的眼睛……画完后，我自己都惊呆了：我对汉姆老师的样子竟然这么熟稔！我兴奋地在汉姆的画像上虔诚地写下"汉姆王子"。

再次抬起头，罗妮已经站在了我的身边，全班三十几双眼睛都盯着我。我低下头，无奈地摊开双手，"女巫和王子"轻轻地从我的桌子上飘到罗妮的手中。我相信这绝对是我的刑场。

"从来没见过这么好的素描！"我突然听见罗妮老师清脆的声音自前方响起。我抬起头，她正用赞赏的眼光看着我："南希，你的素描真的很棒！能把自己画得这么惟妙惟肖，证明你一定能成功！"同学们吵着要看我的"自画像"，但罗妮老师却说："我请汉姆老师给这幅画打分了再给你们看。"我无地自容，我把她画得那么丑，她居然还在同学们面前维护我的自尊。

星期一的素描课，汉姆老师举着一张大16开的素描纸，再次把他深邃的眸子定格在我的脸上："南希的素描又是最棒的！"同学们争先恐后地开始传阅那张素描。我看见了纸上的女孩双手插在裤兜里，头高高地昂着，微风将她的长发轻轻吹起，她的脸上充满幸福和自信。画像下写着"南希自画像"。汉姆老师大声地表扬道:"能把自己的样子画得如此深刻真实,还有什么事会难倒你?"教室里响起了热烈的掌声,我却将头埋得低低的。

后来,汉姆老师私下里夸我那幅自画像画得最好,我才明白,原来是罗妮老师为我画了画,并且什么都没跟汉姆讲。其实,最了解我最关心我的是我一直讨厌的罗妮老师……

多年后,我已是纽约有名的素描画家之一,罗妮老师为我画的那幅自画像一直在我身边。是的,13岁的那个星期一下午,我终于重新认识了自己。我终于感到自己不再不幸也不再是一个人,而且,我知道了学好素描的同时也要学会做人,我要用成功去报答罗妮老师为我做的一切。如果每个曾经受到伤害的孩子都能遇到罗妮那样的好老师,那么他们的人生也一定会美到极致!

心灵体验

老师拥有一颗仁厚的心,能包容学生的一切缺点;老师拥有一颗真挚的心,懂得欣赏学生的长处,并大力加以鼓励。其实,老师拥有的是一颗金子般的心,甘愿付出,为学生铺设光明大道。以"育人"为宗旨的老师是最无私的,他们值得每一个学生肃然起敬。

放飞思维

1.罗妮老师和汉姆老师很值得人钦佩,说说他们值得称道的地方。

2.南希对罗妮老师的情感态度是变化着的,试总结出这条情感线。

3.罗妮老师和汉姆老师都曾为南希画像,二者有哪些异同?

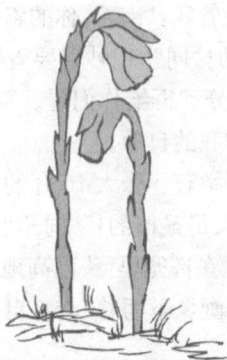

听肖邦，当然能听到天籁
纯净的自然，色彩缤纷的田园；
听出静谧，听出飘逸，听出华
美，听出典雅；听出游丝一缕，
思绪万千；听出夜色如水，心律
如歌……

永远的天籁

音乐是河流,浇灌着大地
和人们;音乐是血液,驱动人
类心田里的生命；音乐是奥
秘,能制约灵魂;音乐是启迪,
给人睿智、天才与和谐,使人
升华,领悟万物的悸动与希望
的节奏；音乐是纯真与慰藉,
是全人类的至爱……

想起肖邦

◆ 肖复兴

> 缺少了真诚而爽快的批评，尽是好话肉麻的赞扬，艺术便是一锅糊涂，没有了豆，也没有了值得珍视的东西。

肖邦和许多音乐家、作家、画家是朋友。于是肖邦的作品，许多人给予赞赏。比如鲁宾斯坦就说他是"钢琴的灵魂，钢琴的游吟诗人！"里姆斯基——科萨科夫称赞肖邦的音乐是"纯旋律"。其中给予肖邦最高评价和支持的莫过于舒曼和李斯特了，这是有目共睹的。但是，也有不少人对肖邦给以批评甚至讥讽，瓦格纳恐怕是最具代表性的了，他说肖邦不过是"妇人的肖邦"。

同时，肖邦对他前辈和同时代的音乐家也给予了一针见血乃至不无偏颇的批评。比如，他批评柏辽兹音乐中所谓"奔放"是"惑人耳目"；嫌弃舒伯特的音乐粗杂不堪；认为韦伯的钢琴曲类似歌剧，均不足取；甚至对于人们最为推崇的贝多芬，他说贝多芬除了升 C 调奏鸣曲，其他作品"那些模糊不清和不够统一的地方，并不是值得推崇的非凡的独创性，而是由于他违背了永恒的原则。"就连给予过他最大支持的舒曼和李斯特，他也一样毫不留情。他对李斯特炫耀技巧的钢琴演奏公开持批判态度，讥讽李斯特的演奏给听众的感觉是"迎头痛击"。而对舒曼他更不客气，几乎全部否定，说舒曼的名作"狂欢节"简直不是音乐。

这在今天是不可想像的，人们会说年轻的肖邦太不知天高地厚，太不懂人情世故，太恩将仇报。我们的今天，艺术的殿堂已经差不多成为了市场，扯响了高八度的嗓门吆喝卖的、屈膝弯腰唱个大喏乞求买的，再弄几个哥们儿、姐们儿当"托儿"或弄一席酒宴一勺烩出赞不绝口的过年话……应有尽有，不一而足。

我想肖邦那时的艺术殿堂也不见得就那么纯而又纯，但那时民主与自由的气氛，浪漫主义的朝气，毕竟给了肖邦一个宽厚而宽阔的天地。那毕竟是资本主义的新生期，给予艺术成长一块肥沃的土壤。否则，那个时期出不了那么多群星璀璨的作家、画家和音乐家。雨果、海涅、巴尔扎克、密茨凯维支、德拉克洛瓦、舒曼、门德尔松、李斯特……数不胜数。因此，肖邦和他的这些朋友相互批评乃至攻击，我不认为是文人的相轻。我也不认为是世界充满了太多的隔膜，而使得人们彼此难以理解。我只认为这是肖邦和他们各自性格最淋漓尽致、无遮无拦的体现。他们都凭着自己的天性和艺术追求，来评判着自己和朋友以及面对的世界。他们不想巴结什么人，也不怕得罪什么人；他们不曾为获什么大奖而说些昧心的话，而将艺术当成敲门砖；当然，他们更不会为了一餐饭局和几个红包，将自己的良心和良知一起切碎，卖一碗清水杂碎汤。因此，他们不雇枪手、打手，更不雇吹鼓手。他们自己就是一面旗，即使不那么鲜红夺目，却一样迎风飘扬。

肖邦对别人的批评，尽管不科学，甚至过于武断，但这不妨碍他和他们的友谊，他们之间的艺术却在这种批评中得以交流，相互促进发展。缺少了真诚而爽快的批评，尽是好话肉麻的赞扬，艺术便是一锅糊涂，没有了豆，也没有了值得珍视的东西。

我们缺少肖邦和他朋友这样的批评。我们也就缺少他们一样的艺术大家。

心灵体验

时代造就了天才，天才造就了肖邦。
肖邦的出现是个性与民主的再现。
肖邦是那样的有性格，批评、斥责、脱俗、炫耀……
但人们接纳了他并推崇了他，把他举过了时代与时间。

放飞思维

1. 本文论述的论点是什么？
2. 作者抨击了现代艺术界的哪些不良现象？你认为作者的观点对不对？

中断的琴声
——听杜普蕾

◆肖复兴

每一个人的心都有一种生命的回声，在音乐里和我们的命运遥遥呼应着，就像我们的影子藏在音乐之中，在一般的情况下被纷繁的音符和旋律所掩盖，在关键的时候和你不期相逢。

去年，儿子上大学，是他生平第一次离开家住校。临走前，他带了许多东西，仿佛要让它们陪伴自己度过校园里的寂寞时光。其中他带走一个小型的 CD 机，让我帮助他挑选一些古典音乐方面的 CD 盘。这是他第一次向我提这样的要求,在这之前,他听惯了的都是流行音乐,我向他推荐和要带他去听古典音乐的音乐会,他都是摇头的。我很高兴,我并不反对流行音乐,因为许多当时的流行音乐,也成为了后来的古典音乐,但仅仅听流行音乐,毕竟会造成营养不良。

我替他挑选了大约十来张盘,他一股脑地都塞进提包带进了校园。几个星期之后,他将这些 CD 盘带了回家,告诉我只留下了一张盘,还想再接着听。我问他是哪张盘?他说是杜普蕾的那张。

我很高兴。他的眼力不错。听音乐,很能衡量一个人的审美能力和对感情细微的感受能力。在音乐面前,人很难遮掩自己。

我表扬了他,他也很高兴。我问他为什么喜欢这张盘?想一听再听?他回答得很简单:很美,很动听,也很丰厚。这是对音乐最直接的感受,却是最重要的感受。对于我们这样一般的音乐爱好者,最简单的,也是最重要的,便是直接触及到了音乐的核心。音乐,其实有时就是这样简单,只不过我们有时候自己把它弄得复杂了,人为地自己吓唬自己,好像越是好的音乐我们自己越是听不懂,便把许多好听的音乐都拱手相让给音乐家独享。

我告诉了儿子杜普蕾(J.Du Pri)的经历,这位当代最伟大的英国女大提琴家,1945 年出生,1987 年因为患复合性细胞癌去世,才活了 42 岁。杜普蕾这张盘是她最漂亮的一张盘,最值得收藏的一张盘,确实应该反复听。在这张盘中,有杜普蕾演奏的埃尔加 E 小调和德沃夏克 B 小调两首大提琴协奏曲。曲子是两位音乐家的杰作,演奏则是杜普蕾的绝唱。不少大提琴的演奏家也都要演奏这两首曲子,凡是演奏大提琴的,谁不会演奏它们呢? 就像登山家会不去攀登喜马拉雅山吗? 这两首大提琴协奏曲确实衡量着大提琴手的水平和心智。杜普蕾和许多一般大提琴手拉开了迢迢的距离,是因为她不仅有高超的技艺,更在于她比一般人多了一份在短暂生命中对艺术的要旨和对人生的生死深切感悟和理解。我听杜普蕾这两首曲子的时候,常常忍不住想,如果她不是 42 岁那年英年早逝,而是像我们许多长寿者在 82 岁的时候或者更年长的时候逝去,她还会有这样的水平、这样的感觉和这样对埃尔加、德沃夏克的理解和演绎吗? 人生的意义在于质量,并不仅仅在于数量;同样,艺术的意义,也在于质量,而不在于数量的膨胀。杜普蕾以她生命的浓缩,使她演奏的琴声迸发出一种令人心悸的感觉和力量。她的琴声中,有她的生命,而不像有的琴声中只有音符。

在这张 EM1 最新的唱盘中,埃尔加的协奏曲是杜普蕾和巴比罗利合作多次多年的最后决定版。杜普蕾 5 岁练大提琴,16 岁首次举行自己的演奏会,就是以这一曲而一举成名。巴比罗利的指挥,让杜普蕾的演奏更加水到渠成,云来雨从,有天人合一之感。

这张唱盘中，另一首德沃夏克的协奏曲，是由杜普蕾的丈夫巴伦勃伊姆指挥，更是唱片界珠联璧合的龙凤胎儿，音乐界评论他们夫妻的合作会让听众在大提琴中体验"爱与死"。这话说得有些煽情，但意思大体不错。如果想想德沃夏克在谱写这首曲子的时候，得知他的梦中情人——妻子的妹妹约瑟菲娜去世的消息，而在第二乐章中特别加进约瑟菲娜平常最爱听的一支曲子的旋律，使得这首协奏曲更加缠绵悱恻，凄婉动人，就更容易令人听杜普蕾时为之动容。也许，都是命中注定的预示。每一个人的心都有一种生命的回声，在音乐里和我们的命运遥遥呼应着，就像我们的影子藏在音乐之中，在一般的情况下被纷繁的音符和旋律所掩盖，在关键的时候和你不期相逢。谁能料到杜普蕾演奏这支德沃夏克的协奏曲时，竟也就要如同约瑟菲娜一样命赴黄泉了呢？无论杜普蕾，还是她的丈夫，在这一曲萦绕中该是什么样的感情？

真是两首无与伦比的好曲子，让杜普蕾演奏得荡气回肠。相比较而言，埃尔加也许是属于炫技派的作品，它更需要好技法；而德沃夏克，更充满感情色彩，便更能千曲百折而让我们柔肠百转。其实，这样说是不准确的，埃尔加的第三乐章，不是一样让杜普蕾演奏得同德沃夏克一样低回婉约，一样的芳草萋萋、细雨濛濛，让再硬再高的树也要弯下腰来，将一树的枝条婆娑在地，柔软地摇曳下一地空濛的绿阴？杜普蕾的高超，在于她将技巧融合在她的感情中，融合在她对艺术的认同、同化和合二为一之中。她的大提琴是她手臂的延长，是心灵和精神的外化。

这盘杜普蕾，在儿子宿舍的床头整整陪伴了他一个学年。

在这期间，我在北京的《音乐周报》上看到一则美联社的消息：在去年9月的意大利威尼斯电影节上，英国电影《中断的琴声》(*Breaking Waves*)备受瞩目。这是以杜普蕾的生平而拍摄的电影，是根据杜普蕾的姐姐和哥哥合著的《家庭中的天才》一书而改编的。

今年的春天，我在《文汇报》上看到了这部在奥斯卡奖的竞争中获得好评的电影内容介绍，在翻译成中文时，影片的名字改为了《杰奎琳和希拉里》，这是以杜普蕾和她的妹妹的名字而命名的。我不知道为什么要这样改？《中断的琴声》难道不是很好吗？

在这部电影中，有这样的一组镜头：病危中的杜普蕾从轮椅中站起来，用颤巍巍的手取出和丈夫巴伦勃伊姆合作演奏的那首德沃夏克的大提琴协奏曲的唱片，放进音响中播放的时候，她禁不住失声痛哭。

就是没有看过这部电影，想到这样的场面，也让人感动。

每逢听到杜普蕾演奏德沃夏克这首大提琴协奏曲，尤其是第二乐章大提琴的独奏的时候，我都会忍不住想起这个场面。大提琴在如泣如诉、如怨如慕地流淌，我心里总想有许多话要说，但我一句话也说不出来，只想随着琴声要流出眼泪。真的,那时眼泪总是忍不住在眼眶里打转。我不知道这是为杜普蕾,还是为德沃夏克,还是为自己?

音乐,只有音乐才可以进入言不可及之处。

心灵体验

"此曲只应天上有,人间难得几回闻"是对音乐的阐释与注脚。音乐是交流,是共鸣,是启迪,是生命。本文介绍了英国最伟大的女大提琴家杜普蕾的音乐给人们带来的震撼和感动。

放飞思维

1.读完本文,归纳出杜普蕾的音乐成就。
2.杜普蕾的演奏是怎样让人感动的?

巴　赫

◆李　悦

听听巴赫,正好抚慰和洗涤我被尘封得麻木和疲倦的心。有人说巴赫的音乐带来的是宗教的慰藉,但对我而言,却更像是大自然母亲那温柔而宽广的胸怀。

客心洗流水,
余响入霜钟。
不觉碧山暮,
秋云暗几重。

耳边听着大提琴宗匠卡尔萨斯演奏巴赫的大提琴无伴奏组曲,眼中是金色的斜阳从阳台前缓缓爬过,渐渐地变成暗红,再而暮色四合,家家户户的灯火渐次的亮起来,心中忽地涌上了李白的这几句诗。

人说到了中年,方会懂得欣赏巴赫,看来我也是到了这年纪了吧?

听巴赫,总给我一种非常静寂和空明的感觉,特别是闭上眼睛来听时,仿佛就处身于欧洲一望无际的金色麦田,又好像乘着马车,缓缓地穿过披上一身金光闪耀秋装的树林,四野无人,只有阳光在温柔地亲吻着大地。

而听卡尔萨斯奏巴赫,正是"为我一挥手,如听万壑松",那苍劲古拙的琴音,就像一道清泉,缓缓流入心扉,把一切烦恼困扰,都荡涤得干干净净,竟似不知身在何方,心内一片明净,无喜亦无悲,在这一刹那,似乎领悟到了六祖慧能说的"本来无一物,何处惹尘埃"的涵义。

少时听音乐,喜听浪漫派的作品,如肖邦、如李斯特、如柴可夫斯基,又尤其喜爱贝多芬,喜欢他音乐中的火与力,和那顽强的战斗精神,听这些音乐,却少不得引起内心的波动与共鸣,而在当时,也偏爱这种激情的宣泄。

但如今对这些激情,已渐感到有点儿疲倦,因为日常生活中的刺激苦恼已然够多,热情的火花也不若从前旺盛,听听巴赫,正好抚慰和洗涤我被尘封得麻木和疲倦的心。有人说巴赫的音乐带来的是宗教的慰藉,但对我而言,却更像是大自然母亲那温柔而宽广的胸怀。

心灵体验

本文写巴赫,先从李白的诗写起——音乐在作者的心里转化成诗情,他又借助诗句把音乐传递给读者,让读者感受到巴赫的震慑、巴赫的慰藉。艺术的沟通与流动,真是件很奇妙而又美好的事。

放飞思维

1. "阳光在温柔地亲吻着大地"一句运用了"通感"的修辞手法,分析它在表达上的作用。

2. 巴赫的音乐更适合哪个年龄的心境?为什么?

腾格尔歌曲写意

◆鲍尔吉·原野

当烈辣过喉咙的时候,当男人宽温的手放在女人背上的时候,当目睹落日悲壮的时候,去听腾格尔的歌吧。

夏季在蒙古高原是老天爷用力抖开的长长的绿绸子,从巴丹吉林到敖嫩古雅。这么长,如从楼兰古国到高句丽,备上九匹好马也要跑上两个月。老天爷另外一块用力抖开的绸子是冬天,白色的。

蒙古人在起伏的绿绸上行走,他们惯于骑马,一走路就像鸭子那样摇摇摆摆的,背手眯眼。在这样的土地上走,炊烟里必有牛粪火的气味,榆木桩子拴着沉思状的紫骝马,牛群在雨后的草滩上走过,蹄印里汪着积水。这里没有路,只有勒勒车的两道辙印。人的前胸和后背都是无语苍凉的草原。太阳从银灰的云层偶一露头,远处有一块草地便绿得耀眼,金色在草叶上急速爬过,不久淡化了。起风的时候,空气透明,草浪像骨牌一样向同一方向倒伏,让风的部队快速潜行。

这时,黯绿的草色逼人眼里,似有悲抑。但如此辽远的天地似又不容人啼哭,所有的景物无不沉实厚重。置身此地,蒙古人感到心里涌动悠长的情绪,张口让它出来,便成牧歌。

牧歌宛如情歌,无不极尽委婉。这是许多话也说不尽的曲折。情感一物,在尽境已无话可说了,这样就有汉人在京剧中的拖腔与蒙古人在牧歌中的长调。长调,像族人在背上的行囊中装进尽可能多的什物,又像魔术师从口袋中搜出无穷尽的彩带。

就这样,蒙古人在目光望不到边的草原生活,无论走累了坐下歇息,无论伫望,无论宴筵征战远徙祷祝,心里总要遇到一首歌。蒙古民歌俯仰皆是,一旗编有《蒙古民歌三百首》,又一盟编有《蒙古民歌三千首》,然而千万何止。

刚刚听到蒙古民歌的人,听出悠远,是第一楼台。听出蒙古民歌的苍凉悲抑,乃第二楼台。在第三重境界,会听到蒙古人的心肠多么柔软,像绸子一样柔软。粗糙的北地,像一块磨石,把人的筋骨磨硬,心肠磨软了。这就是蒙古。因此,他们会把更好的肉食和奶食送给借宿的路人。

在蒙古民歌中,那些用手指和心灵摩挲得最好的佛珠,是《达那巴拉》、《诺恩吉亚》、《云良》、《嘎达梅林》、《小黄马》、《达古拉》、《金珠尔玛》。依气功说,这些歌的信息能量太丰富太辽远了。像这样的好歌,还可以像百科全书一样列下去。

这时需要一位歌者,贯历史而达现今,如油然之云把歌中的含金量沛然化雨,一泻而出。那么在大师级的歌王哈扎布、朝鲁、宝音德力格尔之后,在马头琴王齐·宝力高之后,在卓越的歌唱家牧兰、拉苏荣、金花之后,在世界公认的作曲家通福、美丽其格和最早的电子音乐家图力吉尔之后,漫漫地平线上的巨星是腾格尔。

腾格尔的意思是"天",蒙古人没有几人如此作名。但腾格尔称名不妨。天者辽远无碍,又具王者之尊。腾格尔是鄂尔多斯人,他们俱是成吉思汗的守陵人,几百年中如贵族一样沉溺歌舞之中,不必劳作,也不是包勒(奴隶)。腾格尔有福了,生在鄂尔多斯,幼时随祖母放羊,领会草原襟抱,及长入歌舞团而后考入音乐学院学作曲,定居京华而下派宁夏锻炼,终于崛起。他由民族而升腾,非个人能力所及也,这是他与流行歌手最大区别。人若成器,后腰须有支撑,台港两巷支撑、情郎妹子支撑、政治口号支撑,均不如有一个强韧的民族和苍凉的天地来支撑。因此,腾格尔有福了。用蒙古语说,他"Baoyuntie"。

听腾格尔的歌,像在饮牛的水洼前捧水泼在脸上,像在沙粒迎面的大风中前行。有暗夜饮醪的热肠感受,是长歌当哭的抒纾。当烈辣过喉咙的时候,当男人宽温的手放在女人背上的时候,当目睹落日悲壮的时候,去听腾格尔的歌吧。

心灵体验

作者从天苍苍、野茫茫,雄浑壮阔的蒙古高原落笔,描绘出了它的悠远、苍凉、柔软,让读者知道有这样一个世界,这样一种歌声,于是最终我们听懂了腾格尔,知道那一股辽阔无碍之气的根基。

放飞思维

1.文章要写的是腾格尔,是他的歌声,为什么要从蒙古高原落笔?

2.作者从哪几个层面剖析蒙古高原?

3.怎样理解腾格尔的歌是王者之歌?

如何欣赏高雅音乐

◆ [也门] 塞卜西

音乐艺术只存在于人类的心灵与记忆中。音乐的韵律在历史的回眸与通古博今的聪慧脑海里融合成一首完美无缺的乐曲时,才是美妙绝伦的。

音乐不是生理满足的工具,音乐是人的最精致的精神产物之一。

——圣·桑

音乐是宇宙间共同的协和。

——毕达哥拉斯

音乐是河流,浇灌着大地和人们;音乐是血液,驱动人类心田里的生命;音乐是奥秘,能制约灵魂;音乐是启迪,给人睿智、天才与和谐,使人升华,领悟万物的悸动与希望的节奏;音乐是纯真与慰藉,是全人类的至爱。大自然、历史、神话、宗教、宇宙、思想意识与梦幻,都愿与音乐相伴,不厌其烦。人类历史证明,音乐以博爱公正、智慧滋润心灵与生命。

音乐艺术只存在于人类的心灵与记忆中。音乐的韵律在历史的回眸与通古博今的聪慧脑海里融合成一首完美无缺的乐曲时,才是美妙绝伦的。懂得欣赏音乐的听众往往也是能再创作的音乐人,当我们聆听音乐时,它像出自我们内在的气质,源于我们心房的搏动,发轫于我们步履的节奏和周围大自然、宇宙的旋律。为了显示音乐的儒雅大方,世界各地很多的音乐人被冠以懂得"高雅音乐"的人。

现在,让我们一起来学一学欣赏音乐的方方面面。首先应该懂得,音乐是一种摸不着、看不见的语言,只有在内心和天良中才能具体感受到。音乐艺术的最可恶敌人,乃是音乐商。他们根本不懂得音乐的真谛,甚至是目不识丁者,惟利是图地让无辜听众争购他们手中的有毒商品,使毒素潜移默化地渗透到听众的思想意识中去,搀和着他们的吃吃喝喝、荒谬、堕落等各种落后现象。

柏拉图认为,音乐艺术是人类实现平衡的一个主要且崇高的发动机。根据这个观点,人类的音乐应为协调人类感情服务,为实现社会不同成员间或不同社会间的感情协调服务;也是个人与群体感情完整有序的表达工具。

音乐是体现人类文明的一个主要领域,与人类文明史的漫长进程紧紧相连,并隶属于每个时代,概括着社会环境的思想、情感和风貌。在古代文明中,音乐是信仰与崇拜的主要手段,是神与人之间的桥梁,也是传播知识、法律和道德的载体;战争发生时,音乐更是鼓舞士气、激发斗志、誓夺胜利的手段;在宗教礼仪、传统社会习俗中,音乐与舞蹈犹如一对孪生子。东方曾是古代文明的中心,其中尼罗河谷文明独树一帜,所以世界上许多优秀作曲家无不把亘古不变的东方精髓,作为他们汲取丰富养料的源泉。

历史上,早期的人类业已懂得旋律和节奏,古代文明就这两项音乐要素的研究,成就卓著。古埃及的音乐诞生于公元前4000年,而西方借鉴古希腊文明发展起来的各种音乐表现手段,最早也只能追溯到公元前1200至146年。直至20世纪初,上述两项要素始终是所有音乐表现手法的最重要成分。在研究西方各国艺术创作成就时,不难发现它们最终的丰饶源泉是东方的古文化遗产,其中,古埃及的文化遗产尤为蔚为大观。世界上任何一种独立的音乐艺术,都与人类文化遗产相联系。因此,要提高我们的音乐鉴赏力,不仅要理解它产生的那个时代风格,还必须了解它的根基与发展史,才能较好地理解音乐。众所周知,公元2世纪前的希腊,以其卓越的成就成为现代欧洲文明中艺术、文学、哲学的源头。雅典艺术与埃及音乐有着特别密切的关系,雅典人从古埃及人的音乐、歌曲中学会了插曲、伴奏、重唱等多种乐曲表现手法。

音乐作为一种表达思想的艺术手段,具有一定的时代特征,体现在大众公认的音乐规则与模式里。普遍存在于社会中的共同特征,尤其是思想意识与文化特征,必然会给隶属于这个社会时代的音乐作品留下烙印。因此,鉴赏时应将音乐作品风格与作品产生时代的文化背景联系起来。

与此同时,接触和研究其他门类的艺术,如造型艺术中的建筑——综合每个时代音乐和其他艺术的立体多维艺术,能帮助了解这个或那个时代人类创造力和创新精神,而音乐本身是人类发展过程中表达情感演变的艺术。

对于一名音乐爱好者来说,听音乐的经验不仅在他文化感官享受中起作用,也为他的鉴赏水平奠定基础,为他对文化、艺术、历史的感知能力及对生活的认同感奠定基础,促使生活在更美好的道路上延续,不断接受新事物,区分伟大与卑劣、高尚与庸俗,毫不迟疑地摒弃对文化有破坏作用、对下一代有腐蚀作用的坏东西。

徜徉在人文艺术的殿堂里,能懂得什么是想像力,什么是惊心动魄的思想冲突,更能透视蕴藏在人类精神中永不枯竭的创造力。沉浸于音乐之声中是人的绝对享受,它赐予我们生活的美学价值,即对艺术美的欣赏能力,是通过理解作曲家及其艺术和对诸如曲调、节奏、谐音、和声等音乐表达要素的感官认同而获得的升华。音乐美的享受过程可概括为意义不断更新的有趣经验的获取,包括思维理解和感情反馈。

任何一个时代里有价值的音乐必然具备一些特征,如作曲家的技巧、思想体系、表达情感、印象、阅历的风格特征等,这些特征向听众提供一个更加广阔的喜、怒、哀、乐的生活感受空间,将他们与宇宙、上帝、博爱乃至死亡维系在一起,成了人生拼搏的思想情感上的"充电",也是人与生活冲突的产物。

聆听音乐的人可以从多种渠道得到享受,如独奏演员的娴熟技巧、气势恢弘的音响、细腻悠扬的曲调等等。所以,在一场大型交响乐演奏会的高潮处,台上台下会浑然一体,完全沉浸在乐曲营造的氛围中,体会到音乐作品内涵的各种哲学和美学功能。随着听音乐经验的不断积累,鉴赏音乐的水平会不断提高,对音乐反响的广度与深度更趋加强,速度会更快捷,能捕捉到不同旋律、音调内部蕴蓄的细微情感差异。这种差异,源于音乐构思的内部结构、不同的乐器音质和不同的听觉结构。一个欣赏音乐经验丰富、训练有素的听众,能较正确地区分民歌、歌剧、协奏曲、交响曲、奏鸣曲等多种音乐模式。

欣赏音乐的另一个要点是想像,即通过对音乐的领悟,回想曾经听过的乐曲,把有关乐章的片段串连起来。丰富的想像能增强对音乐的"悟性",帮助理解乃至深化作曲家希冀表达的意义。

最后要提及的是,欣赏音乐不宜怀揣僵化冷漠的分析思维,而应怀抱着揭示生活底蕴的温馨渴望,随着乐曲声的抑扬顿挫、轻重缓急,一起激动、振奋、陶醉忘怀。

心灵体验　　　这篇说明文读起来朗朗上口，轻松自如，文采斐然。文章先介绍音乐的起源，再说音乐的特征，然后是欣赏音乐需要的思维和感情。相信只要读过它的读者一定能在以后欣赏高雅音乐的时候有所长进。

放飞思维　　　1．文章以引用圣·桑、毕达哥拉斯的名言开头有何作用？

　　　2．读完本文，你知道怎样欣赏高雅音乐吗？试摘录文中的关键语句予以回答。

　　　3．找一支你喜欢的音乐家的曲子，按照作者告诉你的方法仔细聆听，看是不是有跟以前不一样的感觉？

夜　籁

◆顾　骧

　　　轻柔的旋律，似金风拂过水面，安抚、慰藉着我怅惘的心灵。烦嚣、嘈杂潜沉了，灵魂在秋水般宁静中升华。

　　市声渐远，夜阑珊。

　　我揿动案边收录机键钮，调频指示灯闪出两星暗红的光点。前奏曲弱起，节目主持人晓风那柔婉、亲切的声音，悄然切入："听众朋友，晚上好！现在是《晚间音乐》……"

　　年复年，月复月，除去到外地出差，我习惯了到时放下手头的书或笔，静静地谛听这半小时"灵魂的语言"倾诉，任乐声在内心深处激起情感的涟漪。

　　经过精心挑选和编排的轻音乐，格调高雅，优美抒情，轻柔飘逸。或是幻想曲、小夜曲，或是小步舞、圆舞、探戈舞曲，或是其他标题小品，亦有我国民族民间箫管丝弦。世界著名的曼托凡尼乐队、詹姆斯·拉斯特乐团那具有迷人表现力的演奏，更是经常被安排出现。

　　夜色朦胧，只有星星轻轻地眨着眼睛。一组《小夜曲》将听众和大地一起投入夜的怀抱中。轻盈、安详、缥缈，有渴望的期待，似幽远的回声，这是舒伯特的《小夜曲》。用深深的忧伤，表现对已经逝去的爱情的思念，真挚动人，这是托赛里的《小夜曲》。而勃拉姆斯、舒伯特、莫扎特的《摇篮曲》，自会牵动你对母亲和那安谧、恬静之感的思念，曳引着人们去重新领略母亲曾经给予的抚爱和温馨。大提琴曲独奏圣·桑的《天鹅》，能将你带往一个水光山色、画意诗情的境界。碧波荡漾的湖面上，一群洁白的天鹅悠然浮动，一洗你胸中的烦躁与不安。在篝火旁深情歌吟的马头琴，如丝如缕；深沉浑厚的音乐，仿佛使人们进入那辽阔、苍茫无际的大草原，隐约可见那天边一行远飞的大雁。待至篝火燃尽，马头琴声消失，人们似乎还沉浸在寥廓与寂静之中。

希腊哲人柏拉图曰："音乐应该归宿到对于美的爱。"电台将这一节目安排在人们通常的入睡前一段时间，其良苦用心，是为了让听众在这一段审美过程中，体味人生精神深处美好的感情，在宁静、朦胧的氛围中，进入梦乡。而对于我，就寝往往是在这之后的二三小时；这一节"晚间音乐"，是我一天生活中难得的小憩，是我不忍一日稍离的心灵相托的挚友。

也许是润物细无声的春雨之夜，低回、沉思的旋律，撩拨起我心中难忘的对故乡的深切情思。如怨如诉的音乐，似一片归帆，送我去故园拾梦。苏北平原如绣，湖荡水网似织。新芦出水，万竿摇曳，绿意侵人。江南细雨霏微，沾衣欲湿。冷街幽巷的小镇，爬满青蔓的剥蚀粉墙，风物依旧，往事如烟。一声声熟悉的乡音，唤我重温孩童时期的旧梦。充满眷恋之情的乐曲，带给我一片怆然的意境，催人欲涕。

也许是"一钩凉月天如水"的秋夜，音乐宁静、澹远，宛若山涧清泉，细语淙淙，潺湲流泻。万木霜天，清明澄澈。轻柔的旋律，似金风拂过水面，安抚、慰藉着我怅惘的心灵。烦嚣、嘈杂潜沉了，灵魂在秋水般宁静中升华。

亦许是北风凛冽的冬宵，窗外飘着无声的雪花，室内一灯荧荧。清幽徐缓的琴音若断若续，空气里似有暗香浮动。充盈着一片温馨暖意的韵律，叩醒我埋在心底的对远方友人的缅怀。仿佛故人久别重逢，剪烛西窗，促膝围炉，互诉衷曲，交融情愫，近乎微醺薄醉。

乐声咽，夜未央。

每每节目主持人已细语喃喃地道过了晚安，而那袅袅余音，绵绵意韵，似仍在如轻烟般的漠漠夜空中飘荡，留给人们对这浩瀚长天、邈漫流光的不尽沉思和冥想。

心灵体验　　本文从一个音乐节目《晚间音乐》说起，每天那半小时是一种习惯，一种爱好，但在作者的笔下，分明更流动着欢喜感动的心情。随着作者的细细体会，细细描绘，读者的精神也被淘洗得宁静欢欣。

放飞思维　　1.电台将音乐节目安排在听众入睡之前,这样做对听众有什么好处?

2.作者由对音乐的感受又引发了哪些感悟?

在声音的世界里

◆王　蒙

所有他们的作品都给我一种神圣,一种清明,一种灵魂沐浴的通畅爽洁,一种对于人生价值包括人生的一切困扰和痛苦的代价的理解和肯定。

我至今忘记不了孩提时代听到过的算命瞎子吹奏的笛声。寒冷的冬夜,萧瑟的生活,一支无依无靠的笛子,呜咽抖颤,如泣如诉,表达着人生的艰难困苦。孤独凄清,轻回低转,听之泪下。不知道这算不算我这一生的第一节音乐课。

我慢慢知道,声音是世界上最奇妙的东西,无影无踪,无解无存,无体积无重量无定形,却又入耳牵心,移神动性,说不言之言,达意外之意,无为而无不在。

我喜欢听雨,小雨声使我感觉温柔静穆和平,而又缠绵弥漫无尽。中雨声使我感到活泼跳荡滋润,似乎这声音能带来某种新的转机,新的希望。大雨声使我壮怀激烈,威严和恐怖呼唤着豪情。而突然的风声能使我的心一下子抽紧在一起,风声雨声混在一起能使我沉浸于忧思中而又跃跃欲试。

我学着唱歌,所有的动人的歌子似乎都带有一点感伤。即使是进行曲谐谑曲也罢,当这个歌曲被你学会,装进你的头脑,当一切都时过境迁的时候,记忆中的进行曲不是也会随着时间的流逝而变得越来越温柔么?即使是最激越最欢快的歌曲也罢,一个人唱起来,不也有点儿寂寞吗?一个真正的强者,一个真正激越着和欢快着的人,未必会唱很多的歌。一个财源茂盛的大亨未必会去写企业家的报告文学。一个成功的政治家,大约不会去做特型演员演革命领袖。一个与自己的心上人过着团圆美满的夫妻生活,天长地久不分离,人丁兴旺,子孙满堂的人,大概也不会去谱写吟唱小夜曲。

莫非,艺术是属于弱者、失败者的?

我喜欢听单弦牌子曲《风雨归舟》,它似乎用闲适并带几分粗犷的声音吐出了心中的块垒。我喜欢听梅花大鼓《宝玉探晴雯》,绕来绕去的腔调十分含蓄,十分委婉,我总觉得用这样的曲子做背景音乐是最合适的。河南坠子的调门与唱法则富有一种幽默感,听坠子就好像听一位热心的、大嗓门的、率真本色中流露着娇憨的小大姐有来到去(趣)地白话。戏曲中我最动情的是河北梆子,苍凉高亢,嘶喊哭号,大吵大闹,如醉如痴。哦,我的燕赵故乡,你太压抑又太奔放,你太古老,又太孩子气了。强刺激的河北梆子,这不就是我们自己土生土长的"滚石乐"吗?

青年时代我开始接触西洋音乐了,《桑塔露琪亚》、《我的太阳》、《伏尔加船夫曲》、《夏天最后的一朵玫瑰》、《老人河》。所有的西洋歌曲都澎湃着情潮,都拥有一种健良的欲望,哪怕这种欲望派生出许多悲伤和烦恼,哪怕是痛苦也痛苦得那样强劲。

很快的我投身到前苏联歌曲的海洋里去了。《喀秋莎》和《我们祖国多么辽阔广大》打头,一首接一首明朗、充实、理想、执著的前苏联歌曲掀起了我心头的波浪,点燃了我青春的火焰,插上了我奋飞的双翅。前苏联歌曲成了我生命的一部分,我生活的一部分,我命运的一部分。不管苏联的历史将会怎么样书写,我永远爱这些歌曲,包括歌颂斯大林的歌,他们意味着的与其说是苏联的政治和历史,不如说是我自己的青春和生命。音乐毕竟不是公文,当公文失效了的时候,(尽管与一个时期的公文有关的)音乐却会留存下来,脱离开一个时期的政治社会历史规定,脱离开那时的作曲家与听众给声音附加上去的种种具体目的和具体限制,成为永远的纪念和见证,成为永远可以温习的感情贮藏。这样说,艺术又是属于强者的了,艺术的名字是"坚强",是恒久,正像一首前苏联歌曲所唱的那样,它是"在火里不会燃烧,在水里也不会下沉"的。

说老实话,我的音乐知识、音乐水准并不怎么样。我不会演奏任何一样乐器,不会拿起五线谱视唱,不知道许多大音乐家的姓名与代表作。但我确实喜欢音乐,能够沉浸在我所能够欣赏的声音世界中,并从中有所发现,有所获得,有所超越、排解、升华、了悟。进入了声音的世界,我的身心如鱼得水。莫扎特使我觉得左右逢源,俯拾即是,行云流水,才华横溢;柴可夫斯基给我以深沉、忧郁而又翩翩潇洒的美;贝多芬则以他的严谨、雍容、博大、丰赡使我五体投地得喘不过气来;肖邦的钢琴协奏曲如春潮,如月华,如鲜花灿烂,如水银泻地。听了他的作品我会觉得自己更年轻,更聪明,更自信。所有他们的作品都给我一种神圣,一种清明,一种灵魂沐浴的通畅爽洁,一种对于人生价值包括人生的一切困扰和痛苦的代价的理解和肯定。听他们的作品,是我能够健康地活着,继续健康地活下去,战胜一切邪恶和干扰,工作下去、写作下去的一个保证,一个力量的源泉。

流行歌曲、通俗歌曲,也自有它的魅力。周璇、邓丽君、韦唯以及美国的约翰·丹佛与芭芭拉、德国的尼娜、前苏联的布加乔娃、西班牙的胡里奥,都有打动我的地方。我甚至于设想过,如果我当年不去搞写作,如果我去学唱通俗歌曲或者去学器乐或者去学作曲呢？我相信，我会有一定的成就的。并非由于我什么事都逞能，不是由于我声带条件特别好，只是由于我太热爱音乐，太愿意生活在声音的世界里了。而经验告诉我，热爱，这已经是做好一件事的首要的保证了。

人生因有音乐而变得更美好、更难于被玷污、更值得了，不是吗？

心灵体验

笛声是这篇文章一声如泣如诉的引子，但作者很快步入正题，从中国的民间艺术说到西洋音乐，凭着对艺术的感受捕捉到了内核的东西。作者对艺术与政治的解释加进了他诚恳的体验，读来让人耳目一新。

放飞思维

1. 作者的性情不宜于留驻在孤独凄凉的气氛里，为什么又要以如泣如诉的笛声做文章的引子？

2. 怎样理解"艺术是属于弱者、失败者的"，"艺术又是属于强者的了"？

3. 请你说说流行歌曲、通俗歌曲的魅力在哪里？

上帝的声音——音乐

◆程乃珊

听音乐本身，其实也在参加一场演奏，把自己心中的音符和别人的融合在一起。

我以自己的方式，挚爱音乐，欣赏音乐。

有如我视宗教信仰为行路人手中的杖竿一样，那些无形的音符在我，有如点缀人生的花边。我是个讲究实际的人，任何虚无的形式，我都希望能在生活中找到相应的注释。

常有人问我，你喜欢哪一类音乐？现代的还是古典的？通俗音乐还是歌剧？交响乐还是独奏曲？自称音乐爱好者的我，常常支吾着答不出个所以然。或许我根本不懂音乐，但我相信自己会欣赏。只要能给我带来震撼、思想、慰藉、颖悟和恬静等等的音乐，我都喜欢。

一般地说，我听得最多的，是德国的詹姆斯·拉斯特、英国的曼托凡尼、法国的保尔·莫尼亚这三个著名的世界轻音乐队和哈雷·杰姆斯的金小号。我多半是在做家务琐事、写作时选播这些乐曲。我爱这些伴我一起长大的旋律。这些久经时间考验风靡了两代人甚至三代人的《喷泉里的三枚银币》、《秋叶》、《月光的魅力》、《烟雾迷住你的眼睛》等响遍世界各角落的通俗乐曲，经过现代音响技术和演奏技巧的形式而再现的这些熟稔的旋律，默默向我道出一个深奥的真理：时代会变，习惯和欣赏品味也会变，连道德观念都会变，但这个世界上，总有些永久不变的、永恒的东西……我敢说，每一分钟，它们都在世界各角落低吟迂回，潺潺流淌。从白发老人到少男少女，都能凭借着这熟悉的音符找到一份安慰和恬静。我视这样的音乐为我自己的背景音乐。特别在合家围炉闲谈时，这样的音乐更合适。我们无须专心倾听，就能深切地感受它创造的那份和谐平安的气氛。对我、对大多数人，生活仍意味着一大堆急需解决的具体的俗事；而这样的美好的、通俗的音乐，其实在我们生活中起了一种"和谐"，教会我们与人、与自然、与客观环境和谐相处。

我也有自己的音乐，那往往像日记本一样，我只愿自己一个人享受。偶然的形单影只，也是一种享受，惟有这时，你才能与自己的灵魂对话。我自己的音乐，多为清一色的钢琴曲，我特别倾心肖邦的作品。在阳光明媚的冬日或清凉的夏夜，我爱在院子里搁一张躺椅，然后开足音量，让琴声从敞开的绿藤攀满的窗台泻出，我望着蓝天白云，觉得琴声中，我的灵魂得到了过滤……

交响乐对我太沉重了，除非是我熟悉的如贝多芬《第九交响曲》、《田园交响曲》及德沃夏克《自新大陆交响曲》等，即便是这几个有限的，我也更愿坐在音乐厅里倾听。这些伟大的作品，有如上帝本身的声音，不能趿着拖鞋或呷着咖啡去倾听，而是应该聆听。有如只有坐在教堂宁静的气氛中，才能思想上帝的全能和爱心一样的道理。

有人把音乐比喻为上帝的声音。尽管世界上有汉语、英语、法语、俄语……但我们对上帝的声音——音乐，却不存在语言障碍，这真是一个极好的比喻！听音乐本身，其实也在参加一场演奏，把自己心中的音符和别人的融合在一起。

正因为音乐是上帝的声音，因此音乐本身也如上帝一样宽怀，就像妈妈对大孩子有对大孩子的语气、对孱弱的幼儿又有对幼儿的语气一样的道理。因此我以为一个人懂不懂音乐，不在乎他爱听贝多芬、海顿，还是谭咏麟、陈百强，只要那无声的音符能使思想的土地欣欣向荣，令内心得到启迪和满足，那他就是懂得欣赏音乐，就可以称为音乐爱好者。

音乐并不是那么深不可测、高不可攀的,只要你用自己的心去聆听,你会发现,音乐是上帝的声音,宽广包容,永恒不变,超越时间与空间,给不同时代、不同肤色、不同年龄的人们带来震撼、思考、慰藉……不管你爱听交响乐还是流行音乐,只要那流动的旋律能令你的灵魂净化,内心得到启迪和恬静,那么你就是懂得欣赏音乐的人。

1.既然作者"挚爱音乐,欣赏音乐",为什么常有人问起喜欢哪一类音乐时却又"常常支吾着答不出个所以然"呢?

2.为什么作者认为把音乐比喻为上帝的声音是一个极好的比喻?

3.作者认为什么样的人可以称为音乐爱好者?按这个标准,你算一位音乐爱好者吗?

歌手,歌手

◆何蔚文

他一直都在用眼睛、心灵,用泪水和血液歌唱着,每一个毛细孔都婉转着真善美的和声,每一根骨头都铿锵着动人心弦的鼓点。

很少能见到真正的歌手了。

在我看来,那些经常在眼皮下晃动的,只不过是一些身价不凡的歌星,一些以唱歌为营生的公众人物而已。他们惯于用包装精美的商业性歌喉换取更多的金钱和名利。他们将原来十分寻常的自己浓妆艳抹,精心设计成他人的青春的偶像。一切都似乎来得那么轻松、那么投其所好、那么令人欣羡,令人惊奇费解。

然而,真正的歌手却早已悄悄地回到了属于自己的臂膀上,早已被那些灼热而又肤浅的目光与掌声遗忘。真正的歌手就像一片树叶回到了森林,风起的日子,便和整个森林一起俯首沉吟;就像一滴雨水回到了大海,日出的时刻,便和所有的浪花一同引吭高歌。

真正的歌手首先应该是一只手:一只劳动的手,一只播种与收获的手,一只擦拭眼泪、汗水和血污的手,一只为迷途者指路的手,一只同失语者交流对话的手,一只懂得挽留、拒绝、服从、抗争、描绘、建设和创造的手。这手灵动而有力,认真而实在,坚定而自信,正直而坦荡。这手是大地的重要器官,是时代的敏感神经。他歌唱大地的丰收与荒凉,歌唱大地的痛苦与欢欣。他歌唱他自己的时代。这手像夜莺一样藏在黑暗中,从黑暗中抽出光亮,发掘出鲜活的灼热火苗,并将这株火苗栽种在每一个人的心中。

这手大隐若常却无处不在。它纤巧如采桑或绣春的淑媛,粗犷如薅田或伐木的村夫。这手里握着比音符更贵重的金色信念,握着比谣曲更为美好的希望与憧憬,心无灵犀者却不能看见这只手。

真正的歌手其次才是唱歌的人。

仿佛一枝出墙的红杏,真正的歌手是孤独的。他总是隐身于群芳之外,独自蒙受雨打风吹。他的英姿有时只有一个观众,那就是岁月;他的心声有时只有一个听众,那就是大地。

真正的歌手绝不会为孤独而沮丧。他其实完全可以将宇宙万物当知音,甚至可以将万物看成是另一个自己。他替万物歌唱。他因此心满意足,乐此不疲。

真正的歌手始终具有出墙红杏那种潇潇脱俗的风骨。他的内心光芒四射、热情如火,表面却宁静淡泊、从容如常。只有岁月的目光在默默关注他,只有泥土的耳朵在默默倾听他。

真正的歌手是贫穷的。"黄金在天上舞蹈,命令我们歌唱。"他说。他以劳动的手回应着高高在上的"黄金"。他打着雄劲的手势帮助世界驱赶着饥饿、疾病、灾荒和苦难,迎接着丰收、健康、爱情和一切与幸福相关的事物。

但真正的歌手本身却总是与黄金无缘,总是与贫穷不离左右。因为他把黄金让给了那些更需要黄金的人,贫穷则被他慷慨地留给了自己。

真正的歌手懂得在失望之后仍不知不觉地希望,更懂得在错过之后仍无怨无悔地等待。他心里有一轮永恒的黄金,替他的歌声伴舞,将他的手指镀得更赤、更灿。

真正的歌手是痛苦的,他明白自己的声音虽独特,却微弱。他知道自己的手已不能完成太多的使命,不能实现太多的愿望,他为此而深深地感到愧疚。

真正的歌手为什么眼里总是含着泪水啊?——因为他爱这片土地爱得比别人深沉!

他一直都在用眼睛、心灵,用泪水和血液歌唱着,每一个毛细孔都婉转着真善美的和声,每一根骨头都铿锵着动人心弦的鼓点。

因此,真正的歌手是沉默的。当面前的一切都无法用声音来表达时,沉默则替他表达了一切。他正是在无边的沉默中蓄积着感情和力量，以无声为声，于无声处将思想付诸行动，使行动变成沉甸甸的果实，将果实还给大地。

真正的歌手最后竟不知不觉被默默关注他的岁月和默默倾听他的泥土谱成了一首歌。这歌仍然是无声的、无韵的、无终的。

就像黄金在天上舞蹈。

心灵体验

文章用诗一般的语言诠释了真正的歌手的全部内涵："真正的歌手"要勤奋耕耘，要关注时代和人民，把黄金让给了那些更需要黄金的人，贫穷则被他慷慨地留给了自己……总之，真正的歌手是无私奉献的歌手。

放飞思维

1.作者认为"真正的歌手首先应该是一只手"，他极力铺陈这样"一只手"的用意是什么？

2.为什么说"真正的歌手是贫穷的"？

3.为什么说"真正的歌手是沉默的"？

缺陷者的鲜花

◆秦 牧

这些缺陷者、残疾者捧出来的艺术花束往往是格外鲜艳的，他们的汗水，化成花朵上晶莹的露珠了。

有一件事情是许多人都知道的，被人称誉为乐圣的贝多芬，到了晚年耳朵完全聋了，他指挥着交响乐队在演奏，自己却没有听到什么。听众向他发着雷鸣般的掌声，他也不知道，到了同伴向他示意的时候，他才猛醒地向听众致谢。匈牙利著名的音乐家李斯特曾经在贝多芬面前演奏钢琴，李斯特接受了这位长者的命题，奏出了一串串美妙的乐音，但是贝多芬却一点儿也听不见，他只是从李斯特的面部表情和手指动作理解到他的造诣，并据此吻贺他罢了。

然而，就是这么一位生理上存在如此严重缺陷，几乎听不到任何普通音响的人，却陆续写下了那么大量美妙的乐章，他为的不是自己的耳朵，他为的是广大听众的耳朵！

像这样的历史逸事，今天我们追想起来仍是很感动的。在一个音乐大厅里面，美妙的乐音四溢，所有的人都沉浸在甜蜜的艺术欣赏中，然而那个以全部生命活力舞动着他的仙笛般的指挥棒的音乐家，自己却一点声音也没有听到。

但是这位不幸的音乐大师，我想，他所感受到的另一种幸福，恐怕又是当时那音乐大厅里许许多多的人所没法体验到的，这就是：不被缺陷和困难吓倒的那种劳动创造的快乐！

这样的事情，我们现在不是也时常可以见到吗？

年前，有一个外国的芭蕾舞团到中国来演出，那音乐指挥，是一位眼睛瞎了的70岁的老者。有一次演出时我刚刚坐在第一排，看到这位老艺术家被人搀扶着走上指挥席，全神贯注地摆动着指挥棒的情景。想到他原可以在家颐养天年，却不愿休息，行程万里到国外来参加演奏活动，而当舞台上那些美妙的舞蹈在演出时，他却一点也没有见到。虽然这样，他又是劳动得多么起劲呵！说老实话，有不少时间，我的视线不能专注于舞台上那群美丽如花的正在舞蹈着的姑娘们，而是集中于这位穿着庄严的礼服的老音乐家身上，特别是他强劲有力的双臂上。一时，我想起了盲诗人荷马、聋音乐家贝多芬这一类的人物，想起了中国的"生无所息"的崇高的格言，想起了"英勇无畏"这一类珍贵的词句。

就在我们身旁，不是也有好些这样的人物吗！这些年来，我们听到有多少残疾者、缺陷者在学习和创造上攀登了怎样的高峰呵！有些人，半身瘫痪了却成为扫盲能手；有些人，身体残废了却发展成为艺术家、翻译家。在广州，就有一位盲艺人，在他的晚年更加闪耀着生命的光辉，不久以前他经常登台演戏。还有一位从事微细雕刻的象牙工艺师，他能够在一粒"象牙米"（米那样大小的象牙粒）上刻十八罗汉，在一粒"象牙芝麻"上刻上岳飞的《满江红》，这位艺匠是瞎了一只眼睛的，你如果以为他是由于从事微细雕刻而瞎了一目，那就大错特错了；他是在青年时代右眼失明之后才从事这种微细雕刻的研究。他原来仅存的一只眼睛，竟比常人不知道高明多少倍地发挥起作用来了。

这些缺陷者、残疾者捧出来的艺术花束往往是格外鲜艳的，他们的汗水，化成花朵上晶莹的露珠了。

这不禁使人想起逆流洄游的勇敢的鲑鱼，以及那搏击长空的豪迈的山鹰！

把阻力化成动力，使坏事尽可能变成好事，这些缺陷者在艺术上的卓越成就不正是些雄辩的例证吗？

如果说一个个寻常的人振作起精神、激发起毅力来尚且可以创造如此的奇迹，那么为最先进的思想所完全武装起来的人，这样的人所组成的集体，这样的集体所领导的国家,将能够克服多少的困难,创造多少的奇迹呢!

让我们赞美能够征服缺陷的大勇者!

让我们从历史上某些缺陷者所栽培出来的瑰丽的艺术鲜花中,更好地领略"勇敢"、"劳动"、"创造"这些词儿的芬芳吧!

心灵体验

有那么一些"缺陷者",他们不仅能像常人一样正常地劳动和创造,而且能超越常人,用出众的技艺成就辉煌的事业。而且,他们所取得的每一点儿成绩,都要比常人付出更多的艰辛与汗水。那么,"为最先进的思想所完全武装起来的人,这样的人所组成的集体,这样的集体所领导的国家",岂不更能且更应该创造出人间奇迹?

放飞思维

1. 每一篇议论文都应有它的中心论点和论据。请找出此文的论点与论据。
2. 读了此文后,它给予了健全的你什么启发呢?
3. 归纳出本文在写作方面的特点。

钢琴之美

◆陈丹燕

世界上有一种经由钢琴来的美,而且那是任何生活都不能摧毁的美。

太阳是小琴童,在大班的时候就开始学钢琴了。

我们从来没有想过要太阳做傅聪,我们想要的是一个经过琴和音乐熏陶的女孩。我们都知道琴是精致的,音乐是美的,女孩子亲近它,会是优雅的。可事实却是,在走向精致和优雅的道路上,孩子常常是不愉快的,她和我们的关系常常因而紧张。所以,我对此常心有疑问。

在太阳睡前,到她床边坐着的时候,我问得最多的,就是到底喜不喜欢琴,想来太阳也是迷惑的,她在心情好的时候说喜欢,在心情不好的时候说不。

69

我疑惑的是，太阳自己可以在琴童的路上收获多少。要是她自己将来不喜欢做一个优雅的人呢？我们何苦从小打烂她自己可能的选择？

太阳小时候，我有时陪她去老师家回琴课。那时的老师，太阳叫她胖琴婆婆，她的头发是烫过的，可是没有做，像炸开的铜丝。她穿着最普通的衣服，她的床上没有床罩，她厨房的砖缝里有没擦净的油污，她的琴上堆着一堆堆的琴谱。

她是太阳的启蒙老师。

有一天，她为太阳示范一个小曲子。她坐在琴前，然后，她的手放在琴键上。在琴声响起的那一刻，她像变了一个人一样，她的肩膀轻轻耸动起来，她的身体像水里的小鱼一样灵活地摇摆在音乐里，她的脸被什么照亮了，温柔而甜蜜。我惊奇地看着她宽宽的后背，在那里都能看到音乐在里面跳舞。

"琴婆婆多好看啊。"回家的路上，我对太阳说。

太阳说琴婆婆弹琴的时候就是这样的。说着她害羞地摇了摇身体，像她的老师那样，然后望着我笑。我想，大概那时候她开始懂得音乐和心的关系了，当她抒情的时候，她一直是害羞而兴奋的。

后来，太阳上了音乐小学，她有了专业老师。那也是一个朴素的妇女，常常眯着眼睛，脸色就像马上要进入更年期的女人那样暗淡着，像所有辛苦的女老师那样，走在路上，让人看去，是心不在焉地生活着的人。她有严重的颈椎病，头常常很昏。

有一次我去接太阳的时候，琴课还没有结束，我看到老师坐在平时为个子太矮的孩子准备的搁脚小凳子上看太阳回琴。她说她的颈椎又犯病了，不能低头。那一天，她的脸非常的白，而且肿。

最后，老师为太阳示范新功课，是一首巴赫的小曲子。老师将头一动不动地摆好，摸索着坐上琴凳，当她的手在琴键上放下来的时候，像童话里说的一样，老师手里的琴声马上就把她变成了一个穿着有鱼骨撑架的大裙子、浑身喷香的公主，在金色的灯光下跳着小步舞。精美的，奢侈的，优游的。在她一动不能动的后背里，音乐正在里面跳舞。

这真是人生奇异的时刻啊，你发现琴声能像仙女的神棒一样，在片刻照亮看上去暗淡无奇的人生。在心里的琴声，是不能打倒的。

我还没有在一个只是倾听音乐的人身上发现过这样的奇迹，很多人都会被音乐感动，可那时候大家习惯的是呆若木鸡地倾听着内心的喧嚣。

所以我想，也许是要一辈子用自己的手产生音乐的人，才有这样的福气。他们日日和音乐在一起，那些黑色的小豆豆，经过他们的眼睛、手和心，化为声音。在这个过程中，音乐一次次像水一样洗着他们的心，和他们融在一起。他们的身体因为这样，才得以像水中美丽的海草。

我看着太阳，太阳看着老师，这对她来说，是一个好时候，琴课就要结束，老师突然那么美丽。

那天在路上，我想对太阳说许多话，关于钢琴老师的。可我知道她还不懂，她在黄昏的路上飞跑，看到出来遛狗的人和他们的狗，吓得一声不响往回跑。我想起我小时候，看不懂可是印象深刻的事情，会小心记在心里，直到长大懂得的那一天。我想太阳也会这样的。也许她将来是在周末有空的时候，偶尔打开琴弹一下的人，可是她记得那些从小陪着她长大的琴老师们，太阳会知道世界上有一种经由钢琴来的美，而且那是任何生活都不能摧毁的美。

也许这是太阳这平凡小琴童最美的收获。

我想起了有一次太阳问我什么叫浪漫，我怎么也说不出的事。我对太阳说："生病的老师在琴上摇着弹琴，就是浪漫。"

心灵体验

世界上有一种经由钢琴来的美，而且是任何生活都不能摧毁的美。流淌的琴声像仙女的神棒一样，在片刻就会照亮看上去暗淡无奇的人生。这种美有着化平凡为神奇之功力。

放飞思维

1. 为什么要细细地描写琴婆婆的外貌、穿着及家庭陈设？
2. 文中的母亲以为正是"那时候太阳开始懂得音乐与心的关系了"，你同意吗？为什么？
3. 说说你与音乐的故事？谈谈你心中的音乐之美。

二　胡

◆高维生

着露水的润泽，音色更纯，掠过苦艾的梢头，越过起伏的群山，它和风声、草香，丝丝缕缕地纠缠，人的思绪被它带走。

最好是夜晚，万物舒缓地呼吸，一缕声音像山间轻吟浅唱的溪水……

二胡，是我喜爱的乐器，但我不会摆弄它，美好的东西，有时更多的是热爱和欣赏。

二胡不同于西洋乐器,需要一座美丽的建筑,在高雅的音乐大厅演奏。二胡属于大自然,就像琴箱上蒙的蟒皮和弓上马的鬃毛。在山间,在溪畔,在蔓生野草的大地,悠长的曲调穿越时空。

我喜欢江南的二胡,琴声湿润,哀怨如泣。晃晃悠悠的水路穿街而过,小镇一分为二,一架拱形的石桥,像温暖的手,连接分离的街道。沿岸石砌的护围堤,风吹水蚀,青石生出了苔藓,随着年代的久远变得陈旧。岸上青瓦、白墙的房子,鱼鳞似的瓦片,在阳光下,像晒在沙滩上的大鱼。墙壁洞开的窗口,似乎终年敞着。历经沧桑的老人坐在桌前,慢慢地品茶,倾听,回忆。石板路被岁月的脚步磨得光滑,纹理中储存时间的尘埃。有人一边走,一边拉着二胡。琴声诉说人间的悲欢离合,表达琴师的情感。忧伤的琴声,在水面泛起记忆的波纹。在这种背景下,一定有乌篷船,梦一般轻盈地滑动,船橹摇动,荡起水花,充满柔静的韵味。

印象中的二胡,少了浪漫的色彩。我少年时代,居住在大杂院,一家挨一家。从这个门出来,就进了另一家的门,邻居之间相隔透风露气的木障子,几乎没什么秘密可言。我家的邻居姓马,他家墙上挂着一把二胡,琴头是活灵活现的龙头,琴杆褪掉了色泽。两根纤细的弦亮铮铮的,轻轻地一弹,发出清脆的声音。二胡送走了许多夜晚,从那里我知道了常识性的知识,什么琴码、琴筒、松香、滑音、揉指。指尖上流淌出,我一个个的梦想。至于先辈,为什么找到这种简单的乐器,来表现人间的事情,我今天也不理解。我暗叹不已,他粗糙的手,抡起板斧劈烧柴,是那么的有力量。拉起二胡却又舒展,自由,二胡是他生命中的一部分。那时我还不理解,我不懂二胡。

电视里播放的独奏音乐会,不可能与大自然中的二胡相同。着露水的润泽,音色更纯,掠过苦艾的梢头,越过起伏的群山,它和风声,草香,丝丝缕缕地纠缠,人的思绪被它带走。

山区小镇的夜宁静,归林鸟儿躲进自己的窝,歇息歌唱了一天的嗓子,劳作的人们进入梦乡。

夜是梦开始的地方,开始的地方不一定有梦。

心灵体验

读高维生的《二胡》,想起这样一段话:二胡,本不属于墨客骚人,显贵官宦,流浪的二胡注定只是黎民百姓、凡夫俗子中开放的花,流淌的画;流浪的二胡天生就是贩夫走卒、商贾戏子开心时的道具,潦倒间的支撑……

器乐是一个时代一种文化的魂魄。而流浪,不只是一种悲苦和困顿、一种沧桑和无奈，更是一种忍耐和坚韧、一种奋进和抗争。它是生命另一种鲜活的姿态，这种鲜活的姿态永远都不能消解。

1. 文章第4自然段描绘了一种怎样的意境？你能体会出这种意境的美吗？

2. 对于二胡，你了解多少？作者说："至于先辈，为什么找到这种简单的乐器，来表现人间的事情，我今天也不理解。"你能理解吗？

寻 找 悲 伤

◆杨轻抒

> 他还是没动。但小女儿不知道就在她转身的
> 那一瞬，他眼中突然盈满了泪。

取出刚买回的这把二胡时，他的手分明抖了一下。

二胡太漂亮了，褐色发亮的琴杆，洁白如玉的弓，相比之下，那把旧二胡像一个得肺结核的病人，斑斑驳驳，马尾也脱得可怜。可是一想起那把二胡，他耳边就响起了一段熟悉的旋律：

0·6— 5643｜2—2·3—112 ｜3·5656561·｜5·3— ……

旋律凄凉、悲怆而优美，这是瞎子阿炳的那支著名的二胡曲——《二泉映月》，拉这支曲子的是和阿炳一样命运悲凉的他的老父亲。

"好悲伤噢！"5岁那年他第一次听父亲拉这支曲子时说。

"你说什么？"父亲吃了一惊。

"我说好悲伤，让人想哭！"

父亲呆了一下，猛地搂过他："孩子，你真了不起！"父亲说着，眼中噙满了泪水。

其实那年父亲的眼已经看不见东西。父亲是右派——他那时并不知道右派是个什么东西，但他知道父亲常常在胸前挂了大牌子被那么多的人打骂，家里好多东西都被抬走了，那架比他还高亮得能照人的钢琴被人抬走时父亲不让抬，结果父亲被人踢了一脚，撞在门框的钉上，眼睛受了伤，一直又没法治，就渐渐看不见了。

搬到乡下的时候父亲偷偷藏下了一把二胡,一把很旧的二胡。

父亲在夜深人静的时候拉二胡,因为是在野外的草棚里,没人能听见,他托着腮静静地听。

他问父亲为什么这叫二胡的东西能发出这么让人悲伤的声音呢?父亲说是人的心悲伤。他不明白。那为什么您能让它发出声音别人不能呢?父亲说父亲当右派之前是教大哥哥大姐姐们唱歌的。

我也要拉二胡!他说。

父亲没有回答。又接着拉这支曲子,但拉了一会儿突然停了下来。看见月光了吗?父亲说,很美丽很干净的月光,照着水,照着落花。

他想了想,说,我咋没有看见呢?

你会看见的,会的!父亲喃喃地说,云散了月亮就出来了。

他似懂非懂地听着。

以后父亲就教他拉二胡,他很快就学会了这支曲子,但是他总觉得自己拉这支曲子时没有父亲拉得那样悲伤。

为什么呢?他问父亲。

为什么呢?父亲说,为什么你非要拉得那么悲伤呢?

他把《二泉映月》拉得很熟练的时候已经是许多年后了。许多年后也是静夜,只是地点换成了大学的校园,父亲已经永不可能陪他了。

一抹月光很美丽地落在水上。

他依旧找不到那种悲伤的感觉。

好漂亮的二胡噢!小女儿说,爸,拉一段听听!

他没有出声,但他还是不自觉地操起了弓。操起弓的时候,他又听见了那段熟悉的旋律从心底升起:

0·6— 5643 | 2—2·3—112 | 3·5656561· | 5·3— ……

好难听噢!小女儿不耐烦地说,爸,您拉《我们永远幸福》嘛!

他似乎并没有听见小女儿的话,继续往下拉。

5岁的小女儿见没理她,赌气扭头就进了屋。

他还是没动。但小女儿不知道就在她转身的那一瞬,他眼中突然盈满了泪。

我找到悲伤了!他的心在哭。

心灵体验　　人们早已习惯了寻找快乐、寻找幸福、远离痛苦、远离悲伤,何曾想到去寻找悲伤呢?寻找悲伤,有时是为了去追寻内心已经失落的一份本不该失落的情感。

1．"父亲说是人的心悲伤。"结合前文，说说父亲的心悲伤的原因。

2．"他"依旧找不到那种悲伤的感觉的原因是什么？

3．文章标题为"寻找悲伤"，文末说"我找到悲伤了"，可为什么"他的心在哭"呢？

竹　　笛

◆[印度]泰戈尔

> 永恒的新郎和新娘，蒙着一块殷红而羞涩的
> 头巾来相会，而头巾正是在这笛声中徐徐揭去。

竹笛的话语，永恒的话语——它是源于湿婆头发的恒河流水，每天都流经大地的胸田；它宛如仙界之子，在和死者的灰烬戏耍中降入人间。

我立在路旁，倾听着笛声；我不能理解，我当时怀着一种什么样的心情。我本想把这种苦痛融会在那熟悉的苦乐之中，但是他们却未能汇融。我发现：它比那熟悉的微笑还清晰，它比那熟悉的泪海还深沉。

我还觉得，熟悉的东西并不是真理，而真理则属于不熟悉的东西。这种奇怪的感受是怎么产生的呢？这用语言是无法回答的。

今天早晨，我一起来就听见，在娶亲的人家吹起了竹笛。

每天那平素的笛声与这婚礼第一天的笛声有何相似之处？隐蔽的不满，深沉的失望；蔑视，傲慢，疲倦；缺乏起码的信心，丑陋无为的争吵，不可原谅的冲突，生活中常见的贫穷——这一切，又怎么能用竹笛的仙语来表达出来呢？

歌喉从人世之巅将一切熟悉的语言帷幕一下子撕破。永恒的新郎和新娘，蒙着一块殷红而羞涩的头巾来相会，而头巾正是在这笛声中徐徐揭去。

当那边的竹笛奏起了交换花环的乐曲，我就望了一眼这里的这位新娘：她颈上挂着金项链，她的脚上戴着两只脚镯，她仿佛就站在泪湖中的一朵欢乐的莲花之上。

笛声赞美她成为新家的一员，然而对她却还不了解。姑娘从熟悉的家园来到

这里,做了这陌生人家的媳妇。

竹笛说:这才是真理。

心灵体验

这是一幅恒河流域人民的风俗画,画面优美且忧伤。这幅画告诉我们一个深奥的真理:生活是熟悉而深刻的。要不然,它就不会千百年来孜孜不倦地上演了!

放飞思维

1.文中的笛声有什么意义?

2.“熟悉的东西并不是真理,而真理则属于不熟悉的东西。”那么,作者又是怎样理解熟悉的笛声的?

手 风 琴 颂

◆[西班牙]巴罗哈

手风琴将悲凉的、平凡到谁都知道的、悠扬的旋律,陆续地抛在黄昏的沉默的空气中。

有一个礼拜天的傍晚,诸君在亢泰勃利亚海的什么地方的冷静的小港口,没有见过黑色双桅船的舱面,或是旧式海船上,有三四个戴着无边帽的人们,一动不动地倾听着一个练习水手用了旧的手风琴拉出来的曲子么?

黄昏时分,在海里面,对着一望无涯的水平线,总是反反复复的那感伤的旋律,虽然不知道为什么,然而是引起一种严肃的悲哀的。

旧的乐器,有时失了声音,好像哮喘病人的喘息。有时是一个船夫低声地和唱起来。有时候,则是刚要涌上跳板,却又发一声响,退回去了的波浪,将琴声,人声,全都消掉。然而,那声音仍复起来,用平凡的旋律和人人知道的歌,打破了平稳的寂寞的休息日的沉默。

当村庄上的老爷们漫步回来的时候;乡下的青年们比赛完球,广场上的跳舞愈加热闹,小酒店和苹果酒吧间里坐满了客人的时候;潮湿得发黑了的人家的檐下,疲倦似的电灯发起光来,裹着毯子的老女人们做着念珠祈祷,或是九日朝山的时候,在黑色双桅船,或者装着水门汀的旧式海船上,手风琴就将悲凉的、平凡到谁都知道的、悠扬的旋律，陆续地抛在黄昏的沉默的空气中。

唉唉，那民众式的，从不很风流的乐器的肺里漏出来的疲乏的声音，仿佛要死似的声音所含有的无穷的悲哀呵！

这声音，是说明着恰如人生一样地单调的东西；既不华丽，也不高贵，也非古风的东西；并不奇特，也不伟大，只如为了生存的每日的劳苦一样，不足道的平凡的东西的。

唉唉，平凡之极的事物的玄妙的诗味啊！

开初，令人无聊，厌倦，觉得鄙俚的那声音，一点点地露出它所含蓄的秘密来了，渐渐地明白，透彻了。由那声音，可以察出那粗鲁的水手，不幸的渔夫们的生活的悲惨；在海和陆上，与风帆战，与机器战的人们的苦痛；以及凡有身穿破旧难看的蓝色工衣的人们的困惫来。

唉唉，不知骄盈的手风琴啊！可爱的手风琴啊！你们不像自以为好的六弦琴那样，歌唱诗的大谎话。你们不像风笛和壶笛那样，做出牧儿的故事来。你们不像喧器的喇叭和勇猛的战鼓那样，将烟灌满了人们的头里。你们是你们这时代的东西。谦逊、诚恳、稳妥也像民众，不，恐怕像民众而至于到了滑稽的程度了。然而，你们对于人生，却恐怕是说明那实相——对着无涯际的地平线的，平凡、单调、粗笨的旋律——的罢……

心灵体验

劳碌了一天的平静的小港口一望无涯的水平线上，一切都归于平静，只有那"反反复复"的感伤的旋律，发出严肃而悲哀的感叹，那是手风琴的声音。手风琴是这一带老百姓生活的诉说者，无论在什么场合，它都将悲凉的、平凡到谁都知道的悠扬的旋律，陆续地抛在黄昏的沉默的空气中。

放飞思维

1. 文中作者是从哪一个感官开始记述的？为什么要这样写？
2. 从开篇到后来，作者的心情和情绪有没有变化？是怎样变化的？

歌唱着生活

◆高建群

他说风雨中这点儿痛算什么，擦干泪，不要怕，至少我们还有梦！

　　一个农家妇女，骑着一辆自行车，自行车后座上带着山一样高的一堆卫生纸。农妇一边走街串巷一边叫卖。她的叫卖声用的是秦腔的曲牌，就像那个小品《换大米》一样。后来在我家的楼底下，这妇女被一群男男女女围住了，原来，大家都觉得这妇女秦腔唱得好，韵味十足，要她停住脚步唱一会儿。妇女说，我要做生意呀！大家说，我们要听秦腔呀！双方互不相让，吵作一团。那一刻，我正在写东西，被这吵闹声惊扰，于是就停了手中的笔，饶有兴趣地站在阳台上，看这件事怎么进行下去。结果，一番吵闹以后，双方达成一个口头协议，即妇女唱一段秦腔，观众中有人买一卷卫生纸。于是整整一个上午，我家楼底下便开了一个秦腔演唱会。那妇女的秦腔也真唱得好，抑扬顿挫，慷慨悲凉，依我看，比西安城那些名角都唱得好。她一边唱着，一边还摆出各种姿势来。而每唱完一段，观众中立即有人掏出 1 块 5 角钱来，买一卷卫生纸。妇女于是收起钱，再唱。这秦腔整整唱了一个上午，直到最后一卷卫生纸卖光，歌声才停了。最后，楼底下的每个观众，都腋下挟着一卷卫生纸，摇头晃脑，像喝醉了酒一样，各人走回各人的家。那妇女则自行车响着铃，也乐颠颠地走了。

　　家里有一个蜂窝煤炉子。这炉子有一个细细的铁皮筒子，拐过几个弯以后从阳台通出去。5 年前的春天，炉子停了，我撒了个懒，没有及时卸下炉筒。后来有一天早上，我突然被一阵鸟叫声惊醒。原来，一对麻雀夫妻，衔来草叶、树枝之类的东西，正在炉筒里做窝。"那么这炉筒今年就不卸了吧，权当咱们家又添了两个新成员！"我说。从此以后，这麻雀夫妻便在我家炉筒里安了家，整日进进出出。后来，它们养下了一堆小麻雀，这些小麻雀开始时从炉筒口伸出小脑袋，张着乳黄色的小嘴，唧唧喳喳地叫着；后来，能飞了，便在电线上站成一长溜，像五线谱上的音符一样，再后来，羽翼丰满，就离开父母，各奔前程去了。那年冬天，我生炉子的时候，煤烟倒灌，弄得满屋子的煤烟，这时我才记起鸟窝的事。于是卸下炉筒，用棍子捅了好长时间，才将鸟窝捅掉。那鸟窝里，还有一只未孵化出来的麻雀蛋。自那以后，5年了，这对麻雀夫妻便年年在我家的炉筒里做窝，年年哺养一批儿女，年年在我家阳台歌唱。

我在陕北的时候,有个老领导姓黑,他如今已经过世。黑老有个儿子叫黑海涛,如今是奥地利皇家歌剧院的首席歌唱家。黑海涛是如何去奥地利的呢?我这里有一个故事。世界歌王帕瓦罗蒂,十多年前曾到北京来过一次。那次,帕瓦罗蒂顺便到北京的音乐学院走了走。听说他来了,许多有背景的人家都把这当做一次机遇,想让歌王亲自指导一下自己的孩子。据说,帕瓦罗蒂耐着性子听着,不置可否,这时,窗外突然有人引吭高歌,唱的正是《今夜无人入睡》这首名曲。原来,这正是陕北来的那个叫黑海涛的学生,听说帕瓦罗蒂来了,自己又没有背景接近他,于是辗转反侧,无法入睡,凭歌声来宣泄。谁知帕瓦罗蒂偏偏听到了窗外的歌声。"这声音像我!这也许就是将来要取代我的那个人!我要见他,我要收他做学生!"帕氏说。后来,帕氏亲自张罗着黑海涛出国事宜,而1998年,意大利举行世界音乐大赛,正在奥地利深造的黑海涛,因意大利制裁中国而无法拿到签证,求助于帕瓦罗蒂,帕瓦罗蒂亲自给意大利总统写信,终于使黑海涛成行。

十多年前,正在上小学二年级的儿子,滑旱冰时小腿骨骨折。躺在床上的儿子,要我为他做两件事情,第一件事是让报社的木工为他做一副拐,第二件事是让我上街为他买一盘台湾歌手郑智化的磁带。那时我还不知道郑智化为何许人也,后来从电视上看到那个挂着双拐,唱着《水手》,唱着《星星点灯》,唱着《远离这座城市》的郑智化,才明白儿子那时候的伟大憧憬。伤筋动骨一百天,儿子在家里整整呆了三个月。三个月中,他常常站在阳台上,挂着双拐,眼睛望着窗外,唱着郑智化的歌。有几句歌词我现在还记着:"他说风雨中这点儿痛算什么,擦干泪,不要怕,至少我们还有梦!"去年,我的长篇小说《愁容骑士》在台湾出版,我在序言中讲了这个故事,并希望郑智化能看到它。

心灵体验

生命的多彩与否,来自于感受生活的那颗心。歌声是心声的传达。好的歌曲会带给我们美的熏陶和人生启示,为积累这些美好,我们的生活需要歌声。

放飞思维

1.你能看出文中唱秦腔的农家妇女对生活持什么态度吗?

2.好的歌词和好的旋律一样,能在人们心头引起深深的回味,写几句你最喜欢的歌词,或试着自己进行创作。

3.作者对麻雀占炉筒为巢之事,采取了何种态度?说明了什么?

大师的学生

◆家 贤

看似紧锣密鼓的工作挑战，永无歇止难度渐
升的工作压力，不也就在不知不觉间养成了今日
的诸般能力吗？

一位音乐系的学生走进练习室。在钢琴上，摆着一份全新的乐谱。

"超高难度……"他翻动着乐谱，喃喃自语，感觉自己对弹奏钢琴的信心似乎
跌到了谷底，消磨殆尽。

已经三个月了！自从跟了这位新的指导教授之后，他不知道，为什么教授要以
这种方式整人。

勉强打起精神。他开始用十指奋战、奋战、奋战……琴音盖住了练习室外教授
走来的脚步声。

指导教授是个极有名的钢琴大师。授课第一天，他给自己的新学生一份乐谱。
"试试看吧！"他说。乐谱难度颇高，学生弹得生涩僵滞、错误百出。"还不熟，回去
好好练习！"教授在下课时，如此叮嘱学生。

学生练习了一个星期，第二周上课时正准备让教授验收，没想到教授又给了
他一份难度更高的乐谱，"试试看吧！"上星期的课，教授提也没提。学生再次挣扎
于更高难度的技巧挑战。

第三周，更难的乐谱又出现了。同样的情形持续着，学生每次在课堂上都被一
份新的乐谱所困扰，然后把它带回去练习，接着再回到课堂上，重新面临两倍难度
的乐谱，却怎么样都追不上进度，一点也没有因为上周的练习而有驾轻就熟的感
觉，学生感到越来越不安、沮丧和气馁。

教授走进练习室。学生再也忍不住了，他必须向钢琴大师提出这三个月来何
以不断折磨自己的质疑。

教授没开口，他抽出了最早的那份乐谱，交给学生。"弹奏吧！"他以坚定的目
光望着学生。

不可思议的结果发生了，连学生自己都惊讶万分，他居然可以将这首曲子弹
奏得如此美妙，如此精湛！教授又让学生试了第二堂课的乐谱，学生依然呈现超高
水准的表现……演奏结束，学生怔怔地看着导师，说不出话来。

"如果，我任由你表现最擅长的部分，可能你还在练习最早的那份乐谱，就不

会有现在这样的程度……"钢琴大师缓缓地说。

人,往往习惯于表现自己所熟悉、所擅长的领域。但如果我们愿意回首,细细检视,将会恍然大悟:看似紧锣密鼓的工作挑战,永无歇止难度渐升的工作压力,不也就在不知不觉间养成了今日的诸般能力吗?

因为,人,确实有无限的潜力。

有了这层体悟和认知,会让我们更欣然乐意面对未来更多的难题!

心灵体验

人,确实具有无限的潜力,深谙这点的钢琴大师不断磨炼自己的学生,让他不断面对新的挑战,在量的积累过程中发生质的变化,练就了学生超凡的本领。

放飞思维

1.根据你的理解说说"不可思议的结果"是如何发生的。

2.教授最后一番话说明了什么道理?

3.根据你的生活体验和你对文章的理解,说说人怎样才能超越自己。

引 路 人

◆ 余 翔

> 但是,许多人是不会忘记的,他的亲友们和学生们;而且还有一些人,像我,虽然不知道他的名字,对他也是永远尊敬而且感念的。

我第一次见到这个满楼道兜售音乐会剩票的人,是在大学二年级。那是一个深秋的傍晚,校园刚刚从晚饭时的喧闹中平静下来,同学们陆续去了教室或者图书馆,我喜欢安静而轻松的环境,便留在宿舍看书。

"阿姆斯特丹交响乐团访华演出,5毛钱一张票啦!"一个略带沙哑的声音在空寂的楼道里不断地叫喊着,引起了我的注意。说实话,虽然很早以前我就把对西方古典音乐的了解当做自己必须完成的修养的一部分,但我发现,对自己那台廉价的收音机里播放的古典音乐,我始终缺乏真正的热情。这使我有时怀疑到自己的音乐感受能力。听现场音乐会也许能增加我的自信,但那时满足我的第一爱好——买书,已经使我捉襟见肘了,哪有闲钱去做更奢侈的审美试验呢?楼道里的叫喊吸引我的是"5 毛钱"这三个字。这是一个可以承受的价格,吃两顿炒面就可以把钱省出来。我找出 5 毛钱,走到楼道里,对着正在渐渐远去的叫卖声喊道:"嘿,买一张票。"

叫卖声停止了,从昏暗的楼道另一端走过来一个 50 多岁的人,个子不高,头发灰白而稀疏,穿一件蓝布中山装,就像我们随处可见的看门人。我拿了票,回到宿舍。一会儿,楼道里又响起那略带沙哑的叫卖声:"阿姆斯特丹交响乐团访华演出,5 毛钱一张票啦!"

第二天晚上我去了北京海淀剧院。座位很差,在楼上后排,但是演出深深震撼了我。在那里我第一次听到了柴可夫斯基的《第六交响曲》。一个人即使没有任何交响乐的欣赏常识,也一定会被那如泣如诉的旋律所打动。我从此成了柴可夫斯基的忠实追随者。大学期间我咬紧牙关买的第一盘磁带就是他的《第四交响曲》。而为了充分享受这盘音带,我毅然决定弃置自己还可一用的老式录放机,用一年的奖学金添置了一台单放机。

这次音乐会以后,我又从那位朴实得像看门人一样的老头手里买过两三次票。后来我读研究生,搬到了另一幢楼,就再也没有听见过那略带沙哑的叫卖声。我几乎要将他渐渐忘却了。

有一天,我和一位同学在海淀剧院听一场合唱音乐会。幕间休息的时候,我一回头看见了他。我和我的同学都曾经是"5 毛钱音乐会"的受益者,于是决定上前搭话。

他当然不认识我们。当我们提起往事,我发觉他仿佛让人在大庭广众之中揭穿了隐秘一样,神情有点儿羞涩,有点儿不安。攀谈中我们得知,他是一所大学附小的音乐教师,今天晚上是带着合唱队的学生来观摩的。我们希望他再有音乐会的票时送一些到研究生楼来,他连连答应了,虽然神情里又出现一点儿羞涩,一点儿不安。

但以后他没有来过。不久,我在一张报纸上看到这样一则消息:某大学附小的一位音乐教师病重垂危,他以前的学生们用募集的资金满足了老师的毕生心愿——举办一场个人声乐作品的演唱会。我想,他恐怕是永远也不能来了。

报纸我留了下来,后来不知道遗落在何处,所以我连他的名字也忘记了。但是,许多人是不会忘记的,他的亲友们和学生们;而且还有一些人,像我,虽然不知道他的名字,对他也是永远尊敬而且感念的。

心灵体验

他是一位默默无闻、无名无姓的普通教师,却在他短暂的一生中为无数的人——他的学生、"我"和"我"的同伴们作了无数次的引路,他的心中只有无私奉献的精神。文章没有过多的议论和抒情,而是通过叙述事件过程描写人物和表达感情,真实生动,富有感染力。

放飞思维

1.他为什么会去卖音乐会的票?

2.文章通过哪些事例表现他值得尊敬和感念?

惟一的听众

◆落 雪

> 我感觉我奏出了真正的音乐,那些美妙的音符从琴弦上缓缓流淌着,充满了整个林子,充满了整个心灵。

用父亲和妹妹的话来说,我在音乐方面简直是一个白痴。当然,这是他们在经受了无数次折磨之后下的结论,在他们听起来,我拉的小夜曲就像是在锯床腿。这些话使我感到沮丧和灰心。我不敢在家里练琴,直到我发现了一个绝妙的去处。就在楼区后面的小山上,那儿有一片很年轻的林子,地上铺满了落叶。

第一天早上,我蹑手蹑脚地走出家门,心里充满了神圣感,仿佛要去干一件非常伟大的事情。林子里静极了。沙沙的足音,听起来像一曲幽幽的小令。我在一棵树下站好,心剧烈地跳起来。我不得不大喘了几口气使它平静下来。我庄重地架起小提琴,像一个隆重的仪式,拉响了第一支曲子。但事实很快就令我沮丧了,似乎我又将那把锯子带到林子里。我懊恼极了,泪水几乎夺眶而出,不由得诅咒:"我真是一个白痴!这辈子也甭想拉好琴!"当我感觉到身后有人并转过身时,吓了一跳,一位极瘦极瘦的老妇人静静地坐在一张木椅上,她双眼平静地望着我。我的脸顿时烧起来,心想这么难听的声音一定破坏了这林中和谐的美,一定破坏了这老人正独享的幽静。我抱歉地冲老人笑了笑,准备溜走。老人叫住我,她说:"是我打搅你了吗?小伙子。不过,我每天早晨都在这儿坐一会儿。"有一束阳光透过叶缝照在她的满头银丝上,格外晶莹。"我猜想你一定拉得非常好,只可惜我的耳朵聋了。如果不介意我在场的话,请继续吧。"我指了指琴,摇了摇头,意思是说我拉不好。"也许我会用心去感受这音乐。我能做你的听众吗?就在每天早晨。"我被这位老人诗一般的语言打动了;我羞愧起来,同时暗暗有了几分兴奋。嘿,毕竟有人夸我,尽管她是一个可怜的聋子。我拉了，面对我惟一的听众，一位耳聋的老人。她一直很平静地望着我。我停下来时，她总不忘说上一句："真不错。我的心已经感受到了。谢谢你，小伙子。"如果她的耳朵不聋，一定早就捂着耳朵逃掉了。我心里洋溢着一种从未有过的感觉。

很快我就发觉我变了，家人们表露的那种难以置信的表情也证明了这一点。从我紧闭小门的房间里，常常传出阿尔温·舒罗德的基本练习曲。若在以前，妹妹总会敲敲门，装作一副可怜的样子说："求求你，饶了我吧！"我现在已经不在乎了。我站得很直，两臂累得又酸又痛，汗水早就湿透了衬衣。但我不会坐在木椅子上练习，而以前我会的。不知为什么，总使我感到忐忑不安、甚至羞愧难当的是每天清晨我都要面对一个耳聋的老妇人全力以赴地演奏；而我惟一的听众也一定早早地坐在木椅上等我了，并且有一次她竟说我的琴声能给她带来快乐和幸福。更要命的是我常常会忘记了她是个可怜的聋子！

我一直珍藏着这个秘密，直到有一天，我的一曲《月光》奏鸣曲让专修音乐的妹妹感到大吃一惊，从她的表情中我知道她现在的感觉一定不是在欣赏锯床腿了。妹妹逼问我得到了哪位名师的指点？我告诉她："是一位老太太，就住在12号楼，非常瘦，满头白发，不过——她是一个聋子。""聋子?!"妹妹惊叫起来，仿佛我在讲述天方夜谭，"聋子?!多么荒唐！她是音乐学院最有声望的教授，更重要的，她曾是乐团的首席小提琴手，而你竟说她是聋子！"

我一直珍藏着这个秘密。珍藏着一位老人美好的心灵。每天清晨，我总是早早地来到林子里，面对着这位老人，这位耳"聋"的音乐家，我惟一的听众，轻轻调好弦，然后静静拉起一支优美的曲子。我感觉我奏出了真正的音乐，那些美妙的音符从琴弦上缓缓流淌着，充满了整个林子，充满了整个心灵。我们没有交谈过什么，只是在这个美丽的早晨，一个人轻轻地拉，一个人静静地听。我看着这位老人安详地靠在木椅上，微笑着，手指悄悄打着节奏。我全力以赴地演奏，也许会给老人带来一丝快乐和幸福。她慈祥的眼睛平静地望着我，像深深的潭水……

后来，我已经能足够熟练地操纵小提琴，它是我永远无法割舍的爱好。在不同的时期，我总会遇到一些大家组织的文艺晚会，我也有了机会面对成百上千的观众演奏小提琴曲。我总是不由得想起那位耳"聋"的老人，那清晨里我惟一的听众……

心灵体验　　读罢本文，我们仿佛看到了那林子中和谐的一幅画：阳光透过树叶照在一位老妇人的满头银丝上，一位年轻人正拉着一支优美的曲子。一个在轻轻地拉，一个在静静地听。我们感受到了琴声和林子幽静清新之态，与老人恬雅圣洁之心相交融的和谐之美！

放飞思维

1. 文中几次出现描写林子的句子,找出来仔细品味,并说说它的作用。

2. 为什么一位耳聋的听众会让"我"的音乐成绩有了难以置信的进步?

3. "我"为什么最终没有揭穿事情的真相?

木　笛

◆赵　恺

伫立雪中,朱丹小心谨慎地从绒套中取出木笛,轻轻吹奏起来。声音悲凉隐忍,犹如脉管滴血。寒冷凝冻这个声音,火焰温暖这个声音。坠落的雪片纷纷扬起,托起笛声在天地之间翩然回旋。

南京乐团招考民族器乐演奏员,其中一名木笛手。

应试者人头攒动,石头城气氛热烈——这是一个国际级乐团,它的指挥是一位丹麦音乐大师,这位卡拉扬的朋友长期指挥过伦敦爱乐乐团。

要求苛刻,竞争残酷,应聘者清一色中国乐团高手,其中不乏或在海外深造或在国际获奖的天才。其实,就是把报名者组织起来,也可以组成一个实力强劲的艺术团了,更何况选拔?

招考分初试、复试和终试三轮。两轮过后,每一种乐器只留两名乐手,两名再砍一半,二比一。

终试在艺术学院阶梯教室。房门开处,室中探出一个头来。探身者说:"木笛。有请朱丹先生。"

声音未落,从一排腊梅盆景之间站起一个人来。修长,纤弱,一身黑色云绵衣衫仿佛把他也紧束成一棵梅树。衣衫上的梅花,仿佛开在树枝上。走进屋门,朱丹站定,小心谨慎地从绒套中取出他的木笛。之后,抬起头,他看见空濛广阔之中,居高临下排着一列主考官。主考官正襟危坐,不苟言笑,那个态势,与其说是艺术检测,倒不如说是法律裁决。

主考席的正中,就是那位声名远扬的丹麦音乐大师。

大师什么也不说,只是默默打量朱丹。那种神色,仿佛罗丹打量雕塑,半晌,大师随手从面前的一沓卡片中抽出一张，并回头望了一下坐在身后的助手。助手谦恭地拿过卡片，谦恭地从台上走下来，把那张卡片递到朱丹手中。

接过卡片，只见上面写着——

第一项指定科目

在以下两首乐曲中任选一首以表现欢乐：

1.贝多芬的《欢乐颂》

2.柴可夫斯基的《四小天鹅舞》

看过卡片，朱丹眼睛里闪过一丝隐忍的悲戚。之后，他向主考席深深鞠了一躬。抬起眼睛，踌躇歉疚地说：

"请原谅，能更换一组曲目吗？"

这一句轻声的话语，却产生沉雷爆裂的效果。一时，主考席有些茫然失措起来。

片刻，大师冷峻地发问："为什么？"

朱丹答："因为今天我不能演奏欢乐曲。"

大师问："为什么？"

朱丹说："因为今天是12月13日。"

大师问："12月13日是什么日子？"

朱丹说："南京大屠杀纪念日。"

久久，久久，一片沉寂。

大师说："你没有忘记今天是考试吗？"

朱丹答："没有忘记。"

大师问："你没有忘记今天是什么考试吗？"

朱丹答："没有忘记。"

大师说："你是一个很有才华的青年，艺术前途应当懂得珍惜。"

朱丹说："请原谅——"

没等朱丹说完，大师便向朱丹挥了挥手，果决而深感惋惜地说："那么，你现在可以回去了。"

听到这句话，朱丹顿时涌出苦涩的泪。他流着泪向主考席鞠了一躬，再把抽出的木笛小心谨慎地放回绒套，转过身，走了。

入夜，石头城开始落雪。

没有目的，也无需目的，朱丹追随雪片又超越雪片，开始他孤独悲壮的石头城之别。贴着灯红，贴着酒绿，贴着作为一座现代大城市所应该具有的特征，朱丹鬼使神差一般走到鼓楼广场。穿过广场，他又走向坐落在鸡鸣寺下的南京大屠杀死难同胞纪念碑。

临近石碑是一片莹莹辉光，像曙色萌动，像蓓蕾初绽，像彩墨在宣纸上的无声晕染。走近一看，竟然是一队孩子的方阵。有大孩子，有小孩子；有男孩子，有女孩子；他们高矮不一，衣着不一，明显是一个自发的群体而不是一支组织的队伍。坚忍是童稚的坚忍，缄默是天真的缄默，头上肩上积着一层白雪，仿佛一座雪松森林。每个孩子手擎一支红烛，一片红烛流淌红宝石般的泪。

纪念碑呈横卧状，像天坛回音壁，又像巴黎公社墙。石墙斑驳陆离，像是胸膛经历乱枪。

顷刻之间，雪下大了，雪片密集而又宽阔，仿佛纷纷丝巾在为记忆擦拭锈迹。

伫立雪中，朱丹小心谨慎地从绒套中取出木笛，轻轻吹奏起来。声音悲凉隐忍，犹如脉管滴血。寒冷凝冻这个声音，火焰温暖这个声音。坠落的雪片纷纷扬起，托起笛声在天地之间翩然回旋。

孩子们没有出声，他们在倾听，他们懂得，对于心语只能报以倾听。

吹奏完毕，有人在朱丹肩上轻轻拍了一下。

回头一望，竟然是那位丹麦音乐大师。大师也一身白雪，手中也擎着一支燃烧的红烛。

朱丹十分意外，他回身向大师鞠躬。

大师说："感谢你的出色演奏，应该是我向你鞠躬。"

朱丹说："考场的事，务请大师原谅。"大师说："不，应该是我请求你的原谅。现在我该告诉你的是，虽然没有参加终试，但你已经被乐团正式录取了。"

朱丹问："为什么？"

大师略作沉默，才庄重虔敬地说："为了一种精神，一种人类正在流失的民族精神。"

说完，大师紧紧握住朱丹的手。朱丹的手中，握着木笛。

心灵体验　　近百年来，中华民族经历了无数惨痛，尤其是抗日战争时期，这种惨痛浸透了我们民族的骨髓。半个多世纪过去了，这创口仍然在我们每一个中国人的灵魂中隐隐作痛。南京大屠杀的纪念日，朱丹在如此重要的考试中拒绝吹奏欢快的曲目，这拒绝是源于他沉痛的历史感和深沉的爱国情。

1.考试中,朱丹为什么拒绝吹奏欢快的乐曲?这表现了他什么样的性格?

2.你认为丹麦艺术大师是一个怎样的人物?

3.假如你是"孩子方阵"中的一员,在当时的情境,你会有什么感受?

为我唱首歌吧……

◆[英国]艾德里安

> 这次最令人难忘、最值得纪念的音乐会,没有打印节目表,然而,我有生以来从没有听见、也不曾希望会听见,比这更动人心弦的音乐。

在伦敦儿童医院这间小小的病室里,住着我的儿子艾德里安和其他7个孩子。艾德里安最小,只有4岁,最大的是12岁的弗雷迪,其次是卡罗琳、伊丽莎白、约瑟夫、赫米尔、米丽雅姆和莎丽。

这些小病人,除开10岁的伊丽莎白,全是白血病的牺牲品,他们活不了多久了。伊丽莎白天真可爱,有一双蓝色的大眼睛,一头闪闪发光的金发;孩子们都很喜欢她,同时,又对她满怀真挚的同情,这是我每天去看望儿子,与他和孩子们的交谈中知道的。唉,不幸之中的同伴,分享着每一件东西,甚至分享每个孩子父母所带来的爱。

伊丽莎白的耳朵后面做了一次复杂的手术,再过大约一个月,听力就会完全消失,再也听不见什么声音。伊丽莎白热爱音乐,热爱歌唱;她的歌声圆润舒缓、婉转动听,显示出作为一个音乐家的超人才能,这些使她将要变聋的前景更加悲惨。不过,在同伴们的面前,她从不唉声叹气,只是偶尔地、当她以为没人看见她时,沉默的泪水会渐渐地、渐渐地充满两眼,扑簌簌流下苍白的脸蛋儿。

伊丽莎白热爱音乐胜过一切。她是那么喜欢听人唱歌,就像喜欢自己演唱一样。每当我给艾德里安铺好床后,她总是示意我去儿童游戏室。在那经过一天活动后,安静的、空荡荡的房间里,她自己坐在一张宽大的椅子上,让我坐在她的旁边,紧紧拉着我的手,声音颤抖抖地恳求:"给我唱首歌吧!"

我怎么忍心拒绝这样的请求呢?我们面对面坐着,她能够看见我嘴唇的翕动,我尽可能准确地唱上两首歌。她呢，着迷似的听着，脸上透出专注喜悦的神情。我唱完，她就在我的额头上亲吻一下，表示感谢。

我说过，小伙伴们为伊丽莎白的境况感到忐忑不安，他们决定要做一些事情使她快活。在12岁的弗雷迪倡导下，孩子们做出一个决定。然后带着这个决定去见他们认识的朋友希尔达·柯尔比护士阿姨。

最初，柯尔比护士听了他们的打算大吃一惊，"你们想为伊丽莎白的11岁生日举行一次音乐会？"她叫了起来，"而且只有三周时间！你们是发疯了吗？"这时候，她看见了孩子们渴望的神情，她不由自主地被感动了，她想了想，补充道："你们真是全疯啦！不过，让我来帮助你们吧！"

柯尔比护士抓紧时间履行自己的诺言，她一下班就乘出租汽车去一所音乐学校，拜访老朋友玛丽·约瑟芬修女，她是音乐和唱诗班教师。她们见面简单地寒暄后，玛丽问："柯尔比，你来这里有什么事情？"

"玛丽，"柯尔比说，"我问你，让一群根本没有音乐知识的孩子组成一个合唱队，并在三周后举行一次音乐会，这可能吗？"

"可能。"玛丽的回答是肯定的，"不是也许，而是可能。"

"上帝保佑您，玛丽！"柯尔比护士高兴得像孩子似的，"我知道你办得到。"

"请等一下，柯尔比，"弄得糊里糊涂的玛丽打断她的话，"请说清楚一些，也许，我值不上这样的祝福哩。"

20分钟后，两位老朋友在音乐学校的阶梯上分手。"上帝保佑你，玛丽！"柯尔比又重复一遍，"星期三下午3点钟见。"

当伊丽莎白去接受每天的治疗时，柯尔比护士把自己的计划告诉了弗雷迪和孩子们，弗雷迪询问："她叫什么名字？是叔叔还是阿姨？她怎么会叫玛丽·约瑟芬呢？"

"弗雷迪，她是一个修女，在伦敦最好的音乐学校当老师。她准备来训练你们唱歌———切免费。"

"太好啦！"赫尔米一声尖叫，"我们一定会唱得挺棒的。"

事情就这么决定下来。在玛丽·约瑟芬修女娴熟的指导下，孩子们每天练习唱歌，当然是在伊丽莎白接受治疗的时候。只有一个大难题，怎么把9岁的约瑟夫也吸收入合唱队？显然，不能丢下他不管，可是，他动过手术，再也不能使用声带了呀！

当其他孩子全被安排好在各自唱歌的位置上时，玛丽注意到约瑟夫正神色悲哀地望着她："约瑟夫，你过来，坐在我的身边，我弹钢琴，你翻乐谱，好吗？"

一阵近乎惊愕的沉默之后，约瑟夫的两眼炯炯发光，随即合上，喜悦的泪水夺眶而出，他迅速在纸上写下一行字："修女阿姨，我不会识谱。"

玛丽低下头微笑地看着这个失望的小男孩，向他保证："约瑟夫，别担心，你一定能识谱的。"

真是不可思议，仅仅3周时间，玛丽修女和柯尔比护士就把6个快要死去的孩子组成了一个优秀的合唱队，尽管他们中没有一个具有出色的音乐才能，就连那个既不能唱歌也不能说话的小男孩也成了一个自信心十足的翻乐谱者。

同样出色的是，这个秘密的保守也十分成功。在伊丽莎白生日的这天下午，当她被领进医院的小教堂里，坐在一个"宝位"上(一辆手摇车里)，她的惊奇显而易见，激动使她苍白、漂亮的面庞涨得绯红，她身体前倾，一动不动，聚精会神地听着。

尽管所有的听众——伊丽莎白、10位父母和3位护士——坐在仅离舞台3米远的地方，我们仍然难以清楚地看见每个孩子的面孔，泪水遮住了视线；但是，我们能够毫不费力地听见他们的歌唱。在演出开始前，玛丽告诉孩子们："你们知道，伊丽莎白的听力已是非常非常的微弱，因此，你们必须尽力大声地唱。"

音乐会获得了成功。伊丽莎白欣喜若狂，一阵浓浓、娇媚的红晕在她苍白的脸上闪闪发光，眼里闪耀出奇异的光彩。她大声说，这是她最最快乐、最最快乐的生日！合唱队十分自豪地欢呼起来，乐得又蹦又跳，约瑟夫眉飞色舞、喜悦异常。我想，这时候，我们这些大人们流的眼泪更多。

谁都知道，患不治之症快要死去的孩子，他们忍受病痛同死神决斗的信念，他们的势不可挡的勇气，使我们这些人的心都快要碎了。

这次最令人难忘、最值得纪念的音乐会，没有打印节目表，然而，我有生以来从没有听见，也不曾希望会听见，比这更动人心弦的音乐。即使到了今天，倘若我闭上眼睛，我仍然能够听见它那每一个震颤人心的音符。

如今，那六副幼稚的歌喉已经静默多年，那7名合唱队的成员正在地下安睡长眠，但是我敢保证，那个已经结婚、成了一个金发碧眼女儿的母亲的伊丽莎白，在她记忆的耳朵里，仍然能够听见那6个幼稚的声音、欢乐的声音、生命的声音、给人力量的声音，它们是她曾经听见的最后的声音。

心灵体验

鲁迅先生曾经说过，悲剧就是将有价值的东西毁灭给人看。这种悲剧的色彩在本文中表现为：一方面是孩子们最美好的生命，一方面是孩子们最不幸的毁灭。作者在这两方面尽情地进行渲染，在"幸"与"不幸"的强烈对比中，写出了生命与真情的可贵。文章的每一个字都注入了深切的真挚的情感，打动了每一个读者。

放飞思维

1．想像一下伊丽莎白在听到伙伴们为她准备的音乐会时是一种什么样的心情？

2．6个快要死去的孩子组成了一个合唱队，这个合唱队有什么非同一般的意义？

3．读了这篇文章，最令你感动的是什么？

美利坚，一个中国少女说"不"

◆孔章圣 李 嘉

观众们被琴声震呆了。死一般的寂静之后是一阵铺天盖地的掌声。评委主任情不自禁地跳上台去，与黄莺热烈拥抱，以示祝贺。

异国他乡的第一声生存独奏

1998年9月1日，在中国开往美国洛杉矶的飞机上，上海音乐学院附中高二学生黄莺眉头紧锁。就在昨天，她还因即将奔赴美国留学而兴高采烈。

两月前，她将弹的曲子自荐给美国哈瑞得音乐学院的院长，院长一听曲子，立即予以录取，并将学院惟一的全额奖学金名额给了她。自8岁学琴以来，黄莺吃尽千般苦头，最苦的一次是，右肩锁骨被摔断，仍吊着绷带继续练琴，被人惊称为钢琴"小魔女"。如今，学有所成，能不得意吗？

偏偏临行前，妈妈的美国朋友竟请黄莺将她在国内的9岁女儿和5个大箱子、两个小箱子一起带往美国，而且，不容拒绝。

黄莺傻了眼。17岁的她毕竟是第一次出国呀！

第一站是洛杉矶。一落地，黄莺的眼睛乱了，花花绿绿的脑袋和脸蛋，黑的白的，一律是外国品种，心里一下子就像被抽空了，脑海竟奇怪地跳出一个念头：我要去哪里？

情况比黄莺想像的严重得多。在这里，只有一个半小时的换机时间。她必须先把孩子送上开往达拉斯的飞机，然后，自己登上开往佛罗里达州博卡市的飞机。可在安检口，她说什么也记不清那5个大箱子和两个小箱子是什么样子了。

黄莺直想哭，可看见同来的孩子悠闲地打量异国风情，又不敢哭，提醒自己，这里是美国，一哭就丢中国人的脸了！再看看手表，时间已过了50分钟！这时，她焦急的心已在狂跳，就要跳出胸腔了。

"小姐，你找什么呀？"一个穿制服的人过来用英语问黄莺。

黄莺一愣怔。这句话，她听懂了，不由哈哈大笑。

由于过度紧张，黄莺居然忘记了自己托福是考了580分的。我本来就懂英语嘛！这一笑，心情轻松了，她深呼吸三次，再向这个穿制服的人求援。没想到旁边许多旅客都被吸引过来，都说一个半大孩子闯天下，很了不起，说什么都要帮帮她的忙。

惊险一刻！大家七手八脚来帮忙，刚把孩子送上飞机，黄莺就快没时间登机了。这时，一辆车"嘎"的一声停在她的身边，载着她直赴飞机……

"上帝"也疯狂

美国就是美国，一切都很直白。黄莺来到博卡市哈瑞得钢琴学院的当夜，一拨儿高鼻子蓝眼睛同学就涌进她的房间，疑惑地看着她。"你，就是惟一领到全额奖学金的人？"一个蓝眼睛说。好几个大鼻子耸耸肩。"NO！NO！你只会这个！"这个蓝眼睛作了拉二胡状。经过机场一幕，黄莺有了经验，作机器人状，仿佛搂了一堆烂铁，然后说："美国人更差，只懂做工，不懂艺术！"众同学哈哈大笑。

但同学们都不是吃素的，大多比她大上四五岁，且都是从各国的大学三四年级考来的，获得过国内国际钢琴比赛奖杯，而她只参加过几个国内少年钢琴比赛。所以，她想在美国早日荣获大奖，镇镇老外。

从这天起，黄莺开始没日没夜地练琴。不走运的是1998年万圣节晚上，灾难偷袭了她：右腹猛地一阵抽搐，她痛昏在地……

在博卡中心医院，黄莺醒来后，得知自己患了急性化脓性阑尾炎。黄莺这个急啊，吃苦不怕什么，最怕不能练琴。日熬夜熬，6个星期后，她总算熬到出院了，可医院寄过来的账单看得她倒吸一口凉气：做一个阑尾手术，竟花去了5000多美金，相当于4.5万元人民币。

黄莺望着账单，直觉彻骨冰凉。当机关干部的父母一年的工资加起来，不吃不喝也不够4.5万元的一半。"快让你父母想办法吧。"一个日本同学说。黄莺正想摇头，一个美国同学瞪大了眼睛："向父母要？哦，你没满18岁，可以要！"这一下，黄莺别说摇头，连叹气都不敢了。身在富得流油的美国，她感到一种莫名的凄凉：没钱！

这一夜，黄莺从未这样地思念故国的亲人。以前，她跟妈妈去买菜，最不耐烦的就是妈妈为一分一厘和小贩较劲的样子，如今，她才懂得钱的重要性了。"讨价还价"，这四个字忽然蹦进黄莺脑海，说不定能与医院讨价还价的，能便宜一分是一分……

第二天，黄莺一大早就拿着账单来到博卡医院，讨来一本写满服务承诺的簿子，细细地查看。这一看不要紧，她直想狂叫。她继续讨来医院有关的规章制度，直到夜幕降临，她才吸口气，找到医院的管理人员。

"我就把你当菜贩子了！"黄莺用中文先给自己壮胆，再用英文说，"医院有太多费用强加于人！规定学生在药费上要给予折扣却没兑现；我有 5 天回校练琴，没在医院吃午餐，账单上却算进了餐费……"

一天下来，黄莺果然逮着了许多漏洞。黄莺捧着计算器一笔笔账算了下来，最后一通狂摁，哈，医院竟多收了 1000 美金！管理人员这回可真傻眼啦，直说："不可思议……"

当自己的律师

一回到宿舍，黄莺兴奋的心又凉了。就是省了 1000 美金，还有 4000 美金到哪找？黄莺倒在床上，头懵懵地看天花板。

无论黄莺怎么想，她一点儿办法也没有，泪水不自觉地淌了下来。迷糊间，美国同学的话"向父母要？哦，你没满 18 岁，可以要"浮出脑海。美国同学怎么就不会随便向父母伸手呢？黄莺好一阵惭愧，然后"呼"地站起身来——我要独立地去解决问题。

连续三日，黄莺泡在学院图书馆查资料找办法。但毫无头绪。不过，脑筋毕竟活了，她忽然想到许多人来美国都要有人担保。我就有学校奖学金担保嘛！想到这里，她怔住了，学校给我办奖学金，难道就不会办医疗保险吗？她赶奔学院咨询，学院果然办了医疗保险。

有医疗保险，就应有医疗理赔。可黄莺万万没想到，一个星期内，与保险公司和医院连连交涉 5 次却毫无结果，以高效率著称的美国居然也有扯皮现象。保险公司和医院相互踢皮球，口头答应，行动上却迟迟不办。

这天晚上，黄莺灵机一动，索性打了一个电话给爸妈，自己生病一事不说，却煞有介事地问爸爸怎么对付扯皮现象。爸爸告诉她八字真言：以扯对扯，软磨硬泡。

但真的扯起皮来，黄莺仍不是对手。这时，"国际钢琴比赛"赛事已迫在眉睫，理赔一事拖下去，将影响练琴。怎么办？想起自己的"小魔女"称号，她不由气壮三分，索性不"软磨"了，就"硬泡"吧！这么想着，野气和狂气又在心头奔涌，她冷不丁想起"投诉"二字,立刻俯下身来,快速在电脑上敲击:第一,大赛在即,若本人受影响,将控告保险公司,索赔100万美元;第二,若不及时理赔,将投书新闻媒体……

写毕,她气呼呼地拍了电脑一巴掌,然后再向保险公司发出传真,传真完毕,仍然狠捶墙壁,仿佛要敲墙震虎一般,直至手掌疼痛……一个小时后,门铃响了,一个牛高马大的美国人满脸卑微地走了进来,黄莺一问,居然是来送4000美元理赔金的。美国人办事效率果然很高。黄莺笑了。办完手续,美国人走出门外,调侃了一句:"上帝发怒了!"黄莺双手在空中划了一个太极拳动作,再用中文嚷了一声:"你遇上高人了!""砰"地关门,将发愣的美国人关在门外,练琴去了。

许久后,门外才响起一声惊叫:"功夫,China功夫!"

好莱坞的协奏曲

黄莺没了生活的拖累,终于挺进好莱坞国际钢琴的决赛。她的参赛曲目是《勃拉姆斯第二钢琴协奏曲》。这首协奏曲,世界上没几位男钢琴家敢用它参赛,女钢琴家则连碰都不敢碰。它的内在蕴含太深太深了。

可文文弱弱、白得像中国瓷器一样的中国少女黄莺却在不可一世的好莱坞向它发起了挑战。她已在美国遭遇了一场前所未有的挑战,生活的磨炼使她能够把握乐曲,把天使的温柔、纤细和恶魔的狂热、阴森淋漓尽致地表达出来了。

难道不是么?观众们被琴声震呆了。死一般的寂静之后是一阵铺天盖地的掌声。评委主任情不自禁地跳上台去,与黄莺热烈拥抱,以示祝贺。

其他评委脸上挂满热泪,情不自禁地高呼:"金奖!金奖!……"

心灵体验　　这是一篇记人的报告文学。作者紧紧抓住"不"这个字眼,精选了黄莺的几件事情,在真实的基础上用文学的手法描绘出来,因而既具有文学欣赏性,又具有新闻报道的真实性。

放飞思维　　1.黄莺让美利坚折服,靠的是什么?
　　2.从黄莺的身上你受到哪些启发?

人性的爱抚

◆马 德

> 当在困境或苦难中的人们向我们伸出求援之
> 手的时候,我们不要忘掉人性原本的光辉;而在这
> 人性的光辉中,宽容和肯定,就是对寒冷而疲惫的
> 心灵最温暖、最具尊严的爱抚。

这是个不大的小镇。

中午的街道上空空的,没有几个人。树叶都打着卷,暗淡而又倦怠地耷拉着。偶尔有一阵风,也极微小极细弱,还没有感觉到,就消逝了。在这样热的天气,不会有什么顾客上门来买东西,这家店铺的男人也有些困乏,忍不住趴在柜台上打起盹儿来。

蒙眬中,他被一阵琴声惊醒过来。果然,靠门的地方,有一个年轻人正向里边漫无目的地张望着。他正要问些什么,年轻人突然又退了出去。他警惕地四下打量了一下自己的铺面,发现并没有异样。他正要趴在柜台上继续打盹儿的时候,年轻人又探头进来。

"你要买点儿什么?"他不失时机地问。

"我,我……"年轻人支支吾吾半天,也没有说出什么来。他觉得事情有些蹊跷,仔细打量这个年轻人,除了满身的疲惫和蓬乱的头发外,穿戴还算整齐。然而最显眼的,是背后的那把古琴,颜色红红的,像一簇火焰在燃烧。

"你到底有什么事?"这次问话的时候,他故意让自己的语气变得耐心些。

"我,我是个学生。要参加来年高考,考试之前,我想去市里的师范学校找个老师辅导辅导……"男人很机敏,一下子就听出年轻人的意思,"那你是问路,问去市里的路吧!"

"不,不,我不是。"年轻人显得有些局促不安,"我家里过得很不好,父亲老早就去世了,母亲供我已经很吃力了,我想,我想为您弹一段琴……"说完这段话,年轻人似乎用尽了自己所有的力气和勇气。

男人这才听出了年轻人的意思,刚要说什么,突然帘子一撩,从里屋走出一个睡眼惺忪的女人。"出去,出去,你们这号人我们见得多了。说白了,你们就是想要几个钱。我们这儿每天都有讨吃要饭的,编个谎话,就想骗钱,没门儿。"女人嘴快,说话像连珠炮。年轻人变得更加局促起来,眼神中也藏着遮掩不住的慌乱。

男人似乎没有听到女人在说些什么,他起身把自己坐的凳子拿过来,轻轻地放下:"孩子,坐下来,弹一曲吧。"然后便静静地站立在一旁,极欣赏而又极专注地看着年轻人。

乐声响起的时候,偌大的店铺里,顿时像有清泉汩汩流淌起来一般;又似一阵清风,在淡淡幽幽地吹拂,时而舒缓,时而低沉,时而绵长,营造出一种高雅而曼妙的意境。

一曲终了的时候,男人似乎被这乐声打动了。就在他缓步走向那个放着营业款的抽屉的时候,女人紧走几步过来,伏下身子,一把按在抽屉上,便又开始数落起来,几句过后,男人有些不耐烦了,说:"我不相信他是个骗子,至少,他的琴声是纯洁的!"

——几年后,一位在音乐上颇有造诣的老师,在大学课堂上为自己的学生讲起了这个故事。他说:"当时,我在去那家店铺之前,已经进过好多家,但无一例外,都被人家轰了出来,冷眼、嘲笑,甚至是谩骂,几乎使我丧失了继续找下去的勇气。人在这个时候,往往容易走极端。其实,不瞒大家……那个中午,我看到店铺里的那个男人睡着了,我的心里陡然升起了一种事先未曾料到的邪念——我想偷一笔钱,甚至我当时想,即便在这里不成功,我也要在下一个地方得到它。然而那个男人平和地接纳了我,他给了我钱,更重要的是,他的那句'至少,他的琴声是纯洁的',像一道耀眼的光芒,在我灰暗的心底闪亮起来,这是一个善良生命发出的宽容的光芒,也是厚重的爱的霞光,映照在我的心灵深处,荡涤着我内心的尘垢。也就是这样一句铭心刻骨的话,把我从那个危险的边缘拉了回来。"

"是的。"他说,"一颗在困难中的心灵本已脆弱,这时候,善良就是一双温暖的大手,而宽容和肯定就是天底下最和蔼最慈祥的姿势,很容易把即将跌倒的生命拉起来,因为没有一个灵魂自愿蒙尘,也没有一个生命自甘堕落。"

"所以,"他顿了顿说,"当在困境或苦难中的人们向我们伸出求援之手的时候,我们不要忘掉人性原本的光辉;而在这人性的光辉中,宽容和肯定,就是对寒冷而疲惫的心灵最温暖、最具尊严的爱抚。"

心灵体验

在成长的过程中,或许我们都有迈入危险之地的时候,一步不慎,或许会坠入泥潭。此时的平淡的言行,往往是人生路上难忘的黄灯。一声宽容和肯定成就了一个迷失的灵魂。

放飞思维

1. 年轻人真想弹琴挣钱吗?他想干什么?
2. 文中放射着人性的光芒的一句话是哪句话?
3. "人性的光辉"是指什么呢?

假如生活是一片晴朗的蓝天，艺术就如蓝天上的云霞。它们时而洁白如雪，时而五彩缤纷，时而轻盈如柔曼的丝絮，时而辉煌如燃烧的烈火……

假如人生是一条曲折的路，艺术就是路边的花树和绿草。大自然的花草会凋谢，艺术的花草却永远新鲜美丽。

就这样被你感动

在艺术家看来，一切都是美的，因为在任何人与任何事物上，他锐利的眼光能够发现"性格"；换句话说，能够发现在外形上透露出的内在真理。而这个真理，就是美的本质，艺术表现的本质。

怀念曹禺

◆巴 金

> 我想,他把痛苦留给了他的朋友,留给了所有
> 爱他的人,带走了他的心灵中的宝贝,他真能走得
> 那么安详吗?

一

家宝逝世后,我给李玉茹、万方发了个电报:"请不要悲痛,家宝并没有去,他永远活在观众和读者的心中!"话很平常,不能表达我的痛苦,我想多说一点儿,可颤抖的手捏不住小小的笔,许许多多的话和着眼泪咽进了肚里。

躺在病床上,我经常想起家宝。六十几年的往事历历在目。

北平三座门大街14号南屋,故事是从这里开始的。靳以把家宝的一部稿子交给我看,那时家宝还是清华大学的一个学生。在南屋客厅旁那间用蓝纸糊壁的阴暗小屋里,我一口气读完了数百页的原稿。一幕人生的大悲剧在我面前展开,我被深深地震动了!就像从前看托尔斯泰的小说《复活》一样,剧本抓住了我的灵魂,我为它落了泪。我曾这样描述过我当时的心情:"不错,我流过泪,但是落泪之后我感到一阵舒畅,而且我还感到一种渴望,一种力量在身内产生了,我想做一件事情,一件帮助人的事情,我想找个机会不自私地献出我的精力。《雷雨》是这样地感动过我。"然而,这却是我从靳以手里接过《雷雨》手稿时所未曾想到的。我由衷佩服家宝,他有大的才华,我马上把我的看法告诉靳以,让他分享我的喜悦。《文学季刊》破例一期全文刊载了《雷雨》,引起广大读者的注意。第二年,我旅居日本,在东京看了由中国留学生演出的《雷雨》,那时候,《雷雨》已经轰动,国内也有剧团把它搬上舞台。我连看了三天戏,我为家宝高兴。

1936年靳以在上海创办《文学季刊》,家宝在上面连载四幕剧《日出》,同样引起轰动。1937年靳以又创办《文丛》,家宝发表了《原野》。我和家宝一起在上海看了《原野》的演出,这时,抗战爆发了。家宝在南京教书,我在上海搞文化生活出版社,这以后,我们失去了联系。但是我仍然有机会把他的一本本新作编入《文学丛刊》介绍给读者。

1940年,我从上海到昆明,知道家宝的学校已经迁至江安,我可以去看他了。

我在江安待了6天，住在家宝家的小楼里。那地方真清静，晚上7点后街上就一片黑暗。我常常和家宝一起聊天，我们隔了一张写字台对面坐着，谈了许多事情，交出了彼此的心。那时他处在创作旺盛时期，接连写出了《蜕变》、《北京人》，我们谈起正在上海上演的《家》（由吴天改编、上海剧艺社演出），他表示他也想改编。我鼓励他试一试。他有他的"家"，他有他个人的情感，他完全可以写一部他的《家》。1942年，在泊在重庆附近的一条江轮上，家宝开始写他的《家》。整整一个夏天，他写出了他所有的爱和痛苦。那些充满激情的优美的台词，是从他心底深处流淌出来的，那里面有他的爱，有他的恨，有他的眼泪，有他的灵魂的呼号。他为自己的真实感情奋斗。我在桂林读完他的手稿，不能不赞叹他的才华，他是一位真正的艺术家！我当时就想写封信给他，希望他把心灵中的宝贝都掏出来，可是这封信一拖就是很多年，直到1978年，我才把我心里想说的话告诉他。但这时他已经满身创伤，我也伤痕遍体了。

二

1966年夏天，我们参加了亚非作家北京紧急会议。那时"文革"已经爆发。一连两个多月，我和家宝在一起工作，我们去唐山，去武汉，去杭州，最后大会在上海闭幕。送走了外宾，我们的心情并没有轻松，家宝马上要回北京参加运动，我也得回机关学习，我们都不清楚等待我们的将是什么。分手时，两人心里都有很多话，可是却没有机会说出来。这之后不久，我们便都进了"牛棚"。等到我们再见面，已是12年后了。我失去了萧珊，他失去了方瑞，两个多么善良的人！

在难熬的痛苦的长夜，我也想念过家宝，不知他怎么挨过这段艰难的日子。听说他靠安眠药度日，我很为他担心。我们终于还是挺过来了。相见时没有大悲大喜，几句简简单单的话说尽了千言万语。我们都想向前看，甚至来不及抚平身上的伤痕，就急着要把失去的时间追回来。我有不少东西准备写，他也有许多创作计划。当时他已完成了《王昭君》，我希望他把《桥》写完。《桥》是他在抗战胜利前不久写的，只写了两幕，后来他去美国讲学就搁下了。他也打算续写《桥》，以后几次来上海收集材料。那段时间，我们谈得很多，他时常抱怨，不能做自己想做的事情。我劝他少些顾虑，少开会，少写表态文章，多给后人留一点儿东西。我至今怀念那些日子：我们两人一起游豫园，走累了便在湖心亭喝茶，到老饭店吃"糟钵头"；我们在北京逛东风市场，买几根棒冰，边走边吃，随心所欲地闲聊。那时我们头上还没有这么多头衔，身边也少有干扰，脚步似乎还算轻松，我们总以为我们还能做许多事情，那感觉就好像是又回到了30年代北平三座门大街。

但是，我们毕竟老了。被损坏的机体不可能再恢复到原貌。眼看着精力一点一点从我们身上消失，病魔又缠住了我们，笔在我们手里一天天重起来，那些美好的计划越来越遥远，最终成了不可触摸的梦。我住进了医院，不久，家宝也离不开医院了。起初我们还有机会住在同一家医院，每天一起在走廊上散步，在病房里倾谈往事。我说话有气无力，他耳朵更加聋了，我用力大声说，他还是听不明白，结果常常是各说各的。但就是这样，我们仍然了解彼此的心。

我的身体越来越差，他的病情也加重了。我去不了北京，他无法来上海，见面成了奢望，我们只能靠通信互相问好。1993 年，一些热心的朋友想创造条件让我们在杭州会面，我期待着这次聚会，结果因医生不同意，家宝没能成行。这年的中秋之夜，我在杭州和他通了电话，我清清楚楚地听到他的声音，还是那么响亮，中气十足。我说："我们共有一个月亮。"他说："我们共吃一个月饼。"这是我最后一次听到他的声音。

三

我和家宝在与疾病斗争。我相信我们还有时间。家宝小我 6 岁，他会活得比我长久。我太自信了。我心里的一些话，本来都可以讲出来，他不能到杭州，我可以争取去北京，可以和他见一面，和他话别。

消息来得太突然。一屋子严肃的面容，让我透不过气。我无法思索，无法开口，大家说了很多安慰的话，可我脑子里却是一片空白。我不能接受这个事实，前些天北京来的友人还告诉我，家宝健康有好转，他写了发言稿，准备出席六届文代会的开幕式。仅仅只过了几天！李玉茹在电话里说，家宝走得很安详，是在睡梦中平静地离去的。那么他是真的走了。

10 多年前家宝在给我的一封信中，写了这样的话："我要死在你的前面，让痛苦留给你……"我想，他把痛苦留给了他的朋友，留给了所有爱他的人，带走了他的心灵中的宝贝，他真能走得那么安详吗？

心灵体验

在《怀念曹禺》这篇悼念亡友的纪实散文中，垂垂老矣的巴金以他一贯的朴实无华的文笔，平淡无奇的行文，蘸着泪水，以平静出奇的笔触回忆了自己与曹禺先生长达六十几年的交往史。但在这平淡、平静的背后，我们可以清楚地感受到，情感的火山在作者心中尽情喷发，这些文字是那样炽热。

放飞思维

1.抽时间读读曹禺先生的戏剧作品,加深你对他的了解。

2.试着读读巴金的"激流三部曲"——《家》、《春》、《秋》,相信这会对你文学修养的提高大有帮助。

卓别林,美国的小市民

◆[匈牙利]巴拉兹·贝拉

> 这个平足的杂技演员,狡猾的笨蛋、奸诈的小市民的最荒诞不经的滑稽表演也在某个地方和某种程度上表现出他占有真理。

一

他精神恍惚,迈着八字平足,蹒蹒跚跚,像个旱地上行走的天鹅。他不属于这个世界,但却只有在这个世界上才使人感到可笑。在他种种苦难的背后我们感到了对失去的天堂的痛苦渴望。在许多陌生而敌对的事物中,他像一个被遗弃的孤儿,连自己都不认识自己。他用感人的、惶恐的微笑对他自己仍然活着表示遗憾。当这种不可救药的懦弱已完完全全征服了我们的心时,才显露出一个迈着平足趔趄踉跄的杂耍艺人有着魔幻般的高超技艺,他戏谑的微笑掩盖着诡计多端,幼稚后面隐藏着天生的狡诈。软弱,但却是不可战胜的。他在童话中充当老三,即谁都看不起的最小的儿子,但最终还是当了国王。这正是世界上每个电影观众看了他的艺术就感到特别的兴奋和满足的奥秘。他再现了"被侮辱和被损害人们"的胜利的革命。

二

卓别林的艺术是民间艺术,体现了古老童话中的精华(电影早已取代了古老民间诗歌的地位)。他的种种笑话技艺复杂,但思想单纯,他的艺术建立在直观、原始的生活和天真的滑稽上。他的各种敌人是:各种物品。他总是与文明社会最习惯用的各种东西斗争:门、台阶、椅子、盘子。总之,日常的所有简单的工具对他来说都是复杂问题,他像从原始森林里刚出来的野人那样对付这些东西。使用它们的方法也与一般的城里人完全不一样。卓别林笨手笨脚的模样令整个美国讥笑他。但是,美国不仅是地球的一部分,而且也是一种生活方式,他常常也支配着我们欧洲人。我们也不可能想像出比一个陌生人生疏地对待很熟悉的事务更荒诞的事了。但这种滑稽具有双重性。因为正是它揭露了我们各种工具的真面目。

现代美国民间诗歌中笨拙的卓别林形象不是别的什么人,而是美国的小市民。关于愚蠢的农民的故事完美地表现了农村的幽默;这些农民妄图把太阳光装入麻袋扛进没有窗户的教堂。当铺老板卓别林用听诊器检查拿到当铺里的钟表,又用罐头起子打开表。这是大工业城市小市民的幽默。

但是,卓别林仅仅是不灵巧,而一点儿也不笨拙。恰恰相反。他用一个杂技演员的灵巧与文明社会的恶魔似的陌生事物斗争。电影中这种斗争发展成紧张、英勇的决斗。最后的胜利者总是卓别林。这是他的艺术中最重要的元素。它把某种独特、质朴的自然性与精心雕琢相对立,说到底,这也是自然界与文明社会争斗。他与用品用具展开的艰难的却终将胜利的斗争,实际上是为反对我们这个反自然的机器文明而进行的荒唐的、被人嘲笑的斗争。他富于幻想的性格、憨态可掬的动作、感人的人道主义精神,在我们这个"物化了的"(参看马克思《资本论》)、僵化的、机械化的文明社会中,代表着孩子般幼稚的原始人类。我们一直感觉到:这个平足的杂技演员,狡猾的笨蛋、奸诈的小市民的最荒诞不经的滑稽表演也在某个地方和某种程度上表现出他占有真理。

三

卓别林是电影的诗人,这比作为电影演员的卓别林意义大得多。他的电影确实完全符合电影有深邃诗意的要求,因为孩子般的举止表演给他开辟了独特的前景。我们看到了微观世界的魅力,微不足道的事物的默默不语的生活,而这种生活只有孩童和游手好闲者才能感受到。恰恰是对细枝末节的体验创造了最丰富多彩的电影魅力。

因此,卓别林才最配得上是深谙非文学的、独特的、纯电影本质的大师。而这个本质正是头脑敏锐的欧洲美学家们梦寐以求的。他从不让自己的电影迁就适应事先臆造和编纂好了的故事,也不用生活的现实细节充填空洞的窠臼。(恰如把熔化了的矿石倒进制好的模型。)他不是用概念,不是用形式,而是用捕捉现实细节的生动素材开始创作。他是归纳法,而不是演绎法的诗人。他不是人为地加工塑造素材,而是靠素材本身绽开、成长,恰如自然界的花朵那样。他用心血浇灌这朵花,以深刻的理性注入魅力。他不是僵死的材料的雕塑家,而是生气勃勃的生活的艺术园丁。

心灵体验

本文介绍了世界喜剧大师卓别林的卓越成就和独特的风格。他的作品多以流浪汉为关注对象,对小人物、失业者寄予了深切的同情。卓别林用最直观、最原始的表演和天真的滑稽向人们展示了这些人的生活。

放飞思维

1. 卓别林是用舞台形象来表现生活的,为什么文章说他不仅是电影演员,更是电影诗人?

2. "卓别林最配得上深谙非文学的、独特的、纯电影本质的大师",完全可以被誉为世界喜剧大师。读了本文,你觉得他之所以能够有此殊荣,关键在于什么?

3. 在网上观看卓别林的表演,用文字描述一下卓别林的表演特点。

命运无轨道

◆苇 笛

史泰龙做任何一件事都百分之百地投入,他的意志、恒心与持久力都令人惊叹。他是一个行动家,他从来不呆坐着等待着事情发生——他主动令事情发生。

从他记事起,他就知道父亲是个赌徒,母亲是个酒鬼;父亲赌输了,打完母亲再打他;母亲喝醉了,同样也是拿他出气。拳打脚踢中,他渐渐长大了,但经常是鼻青脸肿、皮开肉绽。好在那条街上的孩子大都与他一样,成天不是挨打就是挨骂。

像周围大多数的孩子一样,跌跌撞撞上到高中时,他便辍学了。接下来,街头阿混的日子让他备感无聊,而那些绅士淑女们蔑视的眼光更让他觉得惊心。他一次次地问自己:这样下去,不是和父母一样了吗?成为社会垃圾、人类渣滓,带给别人留给自己的都是痛苦。难道自己一辈子就在别人的白眼中度过吗?

在一次又一次地痛苦追问后,他下定决心走一条与父母迥然不同的道路。但自己又能做些什么呢?他长时间地思索着。从政,可能性几乎为零;进大企业去发展,学历与文凭是目前不可逾越的高山;经商,本钱在哪里……最后他想到了去当演员,这一行既不需要学历也不需要资本,对他来说,实在是条不错的出路。可他哪里又有当演员的条件呢?相貌平平,又无天赋,再说他也没受过什么专业训练啊! 然而,决心已下,他相信自己能吃世间所有的苦而永不放弃。

于是,他开始了自己的"演员"之路。他来到了好莱坞,找明星、找导演、找制片,找一切可能使他成为演员的人恳求:"给我一个机会吧,我一定会演好的!"很不幸,他一次又一次地被拒绝了,但他并未气馁。他知道,失败一定是有原因的,每被拒绝一次,他就认真反省、检讨、学习一次……然后再度出发,寻找新的机会……为了维持生活,他在好莱坞打工,干些笨重的零活。

两年一晃而过,他遭到了一千多次拒绝。

面对如此沉重的打击,他暗自垂泪。难道真的没有希望了吗?难道赌徒酒鬼的儿子就只能做赌徒酒鬼吗? 不行,我必须继续努力! 他想到,既然直接做个演员的道路如此艰难,那么,能不能换一个方法呢?他尝试着"迂回前进":先写剧本,待剧本被导演看中后,再要求当演员。毕竟如今的他已不是初来好莱坞的门外汉了,有两年多的耳濡目染,每一次拒绝都是一次学习和一次进步……他大胆地动笔了。

一年后,剧本写了出来,他又拿着剧本遍访各位导演:"这个剧本怎么样?让我当主演吧!"剧本还可以,至于让他这样一个无名之辈做主演,那简直就是天大的玩笑;不用说,他再次被拒之门外。

面对拒绝,他不断地鼓励自己:"不要紧,也许下一次就行,再下一次……"在他遭到 1300 多次拒绝后,一位曾拒绝了他 20 多次的导演对他说:"我不知道你能不能演好,但你的精神让我感动,我可以给你一个机会。我要把你的剧本改成电视连续剧,不过,先只拍一集,就让你当男主角,看看效果再说;如果效果不好,你从此便断了当演员这个念头吧。"

为了这一刻,他已经做了三年多的准备,机会是如此宝贵,他怎能不全力以赴?三年多的恳求,三年多的磨难,三年多的潜心学习,让他将生命融入了自己的第一个角色中。幸运女神就在那时对他露出了笑脸。他的第一集电视剧创下了当时全美最高收视纪录——他成功了!

现在,他已经是世界顶尖的电影巨星。他就是大家熟悉的史泰龙。关于史泰龙,他的健身教练哥伦布曾经做出如此评价:"史泰龙做任何一件事都百分之百地投入,他的意志、恒心与持久力都令人惊叹。他是一个行动家,他从来不呆坐着等待着事情发生——他主动令事情发生。"

心灵体验

你遇到过似乎不可战胜的困难吗? 你有过灰心丧气的时候吗?史泰龙不甘沉沦,敢于向命运挑战,最终迈向成功的经历生动地说明了很多的失败距离成功往往只是一步之遥,命运就掌握在你自己的手中!

放飞思维

1.史泰龙在遭到1300多次拒绝后,一举成名,他的成功说明了什么问题?

2.史泰龙的成功不是偶然的,从哥伦布对史泰龙的评价中概括他所具有的精神。

3.你看过史泰龙主演的哪些影片?说说他留给你的印象。

勇者,带着恐惧继续前行

◆[法国]莫里斯·谢瓦利埃

恐惧不应成为放弃的理由,恐惧只是一个借口。勇敢的人面对恐惧,他会承认它,但是不理会它继续前进。

我真是坐在了世界之巅,我对自己说,并为命运于我的垂青深深感激。整整一年,我都是巴黎音乐滑稽剧舞台上的明星。而且,我已与一家大公司签约了4部影片。

但这一切都是1962年以前的事。当时我丝毫没有想到,我的好运就在这一年走到了头。

事后想起来,那一晚发生在巴黎布格剧院的事是有征兆的。我已经持续拼命地工作了好几个月,睡眠极少,不时发觉自己精疲力竭。但是,我没有在意。"只是偶尔地疲倦。"我对自己说,然后就挂上一副观众期待的笑脸走上舞台。

那一晚,出事了。中午与众多好友一起吃午餐,我糊里糊涂地吃了很多油腻的食物,又喝了很多酒。午间我小睡了会儿,以为到表演的时候我就能恢复了。但是开场的时候，我嘴里蹦出几句惯常的台词——我以为就是这几句，但是显然哪里出了问题，我从搭档的眼里看出来了。

当我回答搭档的第二句台词时，他眼里的惊奇已经变成了恐慌。我突然意识到，我讲的不是第一幕里的台词，我讲的是第三幕里的！我吓了一大跳。我想把自己拉回来，可是我的脑子里一片混乱。我无望地不知所措。

剧组的其他同事认为这次意外只是我一时失常而一笑置之。我也想这么认为，可是我的心里却慌得很：万一今晚的事故只是一个开始该怎么办？一个演员如果不能记住台词，他的演艺生涯也就完了。我现在在巴黎最好的剧院里演出，每周挣好几千法郎；如果我失败了，我就得到咖啡馆去端盘子。

第二天，我背了一遍又一遍台词，将我一年前早就背得烂熟的对白和歌曲排演了一遍又一遍。但是，那一晚，恐惧再度袭来——我记不起我的台词了。随后，这噩梦般的日子持续了好几个月。在舞台上，我的脑子没法集中在正要说的台词上，它总是跑到好几幕前去，在台上，我犹疑、结巴，那个以温文尔雅著称的我再也找不着了。更糟糕的是，在台上的时候，我还会感到一阵又一阵的眩晕，整个地板好像翻了过来绕着我转。我真担心自己会在舞台的中央就这样摔下去。

我看了一个又一个的专家医生。他们告诉我，我得的是神经性衰竭。他们给我注射、电流按摩、开出特别的食谱——没有一样奏效。人们开始公开议论我的表演不行了。随着我自身的压力越来越大，我又无可避免地患上了神经衰弱。我相信我真的完了。

医生命令我回家休息。我的家在法国西南部的一个叫索庸的小村庄。莫里斯·谢瓦利埃的世界已经完了。回到索庸，一个叫罗伯特·迪布瓦的医生接待了我，他满头白发，很有耐心，很睿智的样子。他看过我的病历后，给我开出了一系列简单的休息放松的治疗方案。我不知为何自然地对他产生了信任与依赖。但是，我却说道："没有用的，我已经完了。"

接下来的几个星期，我按照迪布瓦医生所说的每天独自一人在乡间漫步，我在大自然的美中发现了一种平静。然后，终天有一天，迪布瓦医生坚定地告诉我，我的神经系统已经恢复正常了。我真愿意相信他的诊断，可我就是没法相信。体内的混乱好像真的已经消失，可我就是对自己没有信心。

一天下午，迪布瓦医生让我在村上的一个假日庆典上当着一小群观众表演。一想到要面对观众——不管是哪里的观众——我立刻就能感觉到血从我的脑子里往外冒。我当即就拒绝了。

"我知道你能行，莫里斯。"医生说，"你必须证明你自己，这就是个很好的开端。"

我很害怕。谁能保证我的脑子不会又是一片空白？

"没有人能保证。"迪布瓦医生一字一顿地说。他后面的话,数年后的今天我仍能记忆犹新:"不要因为害怕而害怕。"

我不大懂他这话是什么意思,接着,他就做出了解释。

"你害怕再次踏上舞台,于是你告诉自己你完了。但是,恐惧不应成为放弃的理由,恐惧只是一个借口。勇敢的人面对恐惧,他会承认它,但是不理会它继续前进。"

迪布瓦医生不再说话,他等着我的回答。很长的沉默后,我说我会试一试。

我回到自己的房间,为将要发生的一切不自觉地发起抖来,接下来的几天,我每天都会花上几个小时痛苦地背诵我将演唱的曲目中的歌词。然后,最终的审判到来了。

我站在小礼堂舞台的一侧,等着自己开始表演。有那么一会儿,恐惧又袭来了,我真想转身离开这儿。突然,耳畔回响起了医生的话:不要因为害怕而害怕。就在这时,管弦乐队奏响了我上场的暗示,我移步上台,开始高歌。

那一晚,每唱一个字、每说一个字,都是极度的痛苦。幸好,我的记忆力再也没有跟我开玩笑。当我走下台,面对热烈的掌声,我的心中涌起一股成就感。今晚,我并没有战胜我的恐惧,我只不过是承认了它的存在,但是不顾它的存在继续表演。这个法子行得通。

任何事情都会有一道退路。我也许永远也找不回往昔的自信,我告诫自己,有些事情发生过一次就有可能再次发生。但是,现在的我能够接受这个事实,我决心再次证明自己。

重返巴黎的路不好走。我决定在首都几英里外的默伦小镇东山再起。我找到一家小剧院,找到大吃一惊的剧院老板,告诉他我愿意在他们那里表演,要价低得他以为我在开玩笑。我告诉他,我现在得一切从头再来,接下来是一场又一场的演出,每一场我都紧张得异常痛苦。"你害怕了?"每次我都会轻声地对自己说,"害怕又怎么了?"

终于,我重新登上了巴黎的剧院。站在那里,我又对自己说了同样的话。那晚帷幕拉开的时候,一个崭新的世界出现在我的眼前。掌声之大震动了整个剧院。我一次又一次地回应了观众再来一个的要求,直到累得没有力气表演。成功,我曾拥有又失去过的,再次属于了我。

那一晚之后40年,我一直继续着我热爱的工作,在世界各地的观众面前表演。有很多次我再次恐惧过,索庸村庄的那个温和的医生没说错,没有人能够保证。但是,恐惧再也没让我想到过放弃。

我终于从自己的经历里明白了:前行的路上,如果我们一心等着一个安全可靠的完美时刻出现,那么这个时刻永远也不会出现。如果我们只是一心等着一个完美的时刻,那么高山无法翻越、比赛不能赢取、恒久的幸福不会获得。

心灵体验

　　人生是由各种不同的变故、循环不已的痛苦和欢乐组成的。能够正视人生的变故,勇敢地面对生活,尽管我们平凡,尽管我们微不足道,但我们依然可以怀着希望迎接每一天的太阳,依然会拥有一番新的天地,会有令人惊喜的收获,在生活的舞台上成为最佳角色。

放飞思维

　　1.在文中作者曾经的辉煌与他后来所遇到的挫折形成了强烈的对比,这对表达文章的主题有什么作用?

　　2.在索庸村庄小礼堂舞台的一次演出,对作者的人生是一次判决,对你的人生有何启迪?

秦　腔

◆贾平凹

　　人生的世界,就是秦腔的舞台,人只要在舞台上,生、旦、净、丑,才各显了真性。恶的夸张其丑,善的凸现其美,善的使他们获得了美的教育,恶的也使丑里化作了美的艺术。

　　山川不同,便风俗区别;风俗区别,便戏剧存异。普天之下人不同貌,剧不同腔,京、豫、晋、越、黄梅、二簧、四川高腔,几十种品类;或问:历史最悠久者,文武最正经者,是非最汹汹者?曰:秦腔也。正如长处和短处一样突出便见其风格,对待秦腔,爱者便爱得要死,恶者便恶得要命。外地人——尤其是自夸于长江流域的纤秀之士——最害怕秦腔的震撼;评论说得婉转的是:唱得有劲,说得直率的是:大喊大叫。于是,便有柔弱女子,常在戏台下以绒堵耳,又或在平日教训某人:你要不怎么怎么样,今晚让你去看秦腔!秦腔成了惩罚的代名词。所以,别的剧种可以各省走动,惟秦腔则如秦人一样,死不离窝;严重的乡土观念,也使其离不了窝:可能还在西北几个地方变腔走调的有些市场,却绝对冲不出往东南而去的潼关呢。

但是，几百年来，秦腔却没有被淘汰，被沉沦，这使多少人大惑而不得其解。其解是有的，就在陕西这块土地上。如果是一个南方人，坐车轰轰隆隆往北走，渡过黄河，进入西岸，八百里秦川大地，原来竟是：一抹黄褐的平原；辽阔的地平线上，一处一处用木椽夹打成一尺多宽墙的土屋，粗笨而庄重；冲天而起的白杨、苦楝、紫槐，枝干粗壮如桶，叶却小似铜钱，迎风正反翻覆……你立即就会明白了：这里的地理构造竟与秦腔的旋律惟妙惟肖的一统！再去接触一下秦人吧，活脱脱的一群秦始皇兵马俑的复出：高个，浓眉，眼和眼间隔略远，手和脚一样粗大，上身又稍稍见长于下身。当他们背着沉重的三角形状的犁铧，赶着山包一样团块组合式的秦川公牛，端着脑袋般大小的耀州瓷碗，蹲在立的卧的石碌子碌碡上吃着牛肉泡馍，你不禁又要改变起世界观了：啊，这是多么空旷而实在的土地，在这块土地摸爬滚打的人群是多么"二愣"的民众！那晚霞烧起的黄昏里，落日在地平线上欲去不去的痛苦的妊娠，五里一村，十里一镇，高音喇叭里传播的秦腔互相交织、冲撞，这秦腔原来是秦川的天籁、地籁、人籁的共鸣啊！于此，你不渐渐感受到了南方戏剧的秀而无骨吗？不深深的懂得秦腔为什么形成和存在而占却时间、空间的位置吗？

八百里秦川，以西安为界，咸阳、兴平、武功、周至、凤翔、长武、岐山、宝鸡，两个专区几十个县为西府；三原、泾阳、高陵、户县、合阳、大荔、韩城、白水，一个专区十几个县为东府。秦腔，就源于西府。在西府，民性敦厚，说话多用去声，一律咬字沉重，对话如吵架一样，哭丧又一呼三叹。呼喊远人更是特殊：前声拖十二分地长，末了方极快地道出内容。声韵的发展，使会远道喊人的人都从此有了唱秦腔的天才。老一辈的能唱，小一辈的能唱，男的能唱，女的能唱；唱秦腔成了做人最体面的事，任何一个乡下男女，只有唱秦腔，才有出人头地的可能，大凡有出息的，是个人才的，哪一个何曾未登过台，起码不能吼一阵乱弹呢？

农民是世上最劳苦的人，尤其是在这块平原上，生时落草在黄土炕上，死了被埋在黄土堆下；秦腔是他们大苦中的大乐，当老牛木犁疙瘩绳，在田野已经累得筋疲力尽，立在犁沟里大喊大叫来一段秦腔，那心胸肺腑，关关节节的困乏便一尽儿涤荡净了。秦腔与他们，要和"西凤"白酒，长线辣子，大叶卷烟，牛肉泡馍一样成为生命的五大要素。若与那些年长的农民聊起来，他们想像的伟大的共产主义生活，首先便是这五大要素。他们有的是吃不完的粮食，他们缺的是高超的艺术享受；他们教育自己的子女，不会是那些文豪们讲的，幼年不是祖母讲着动人的美丽的童话，而一字一板传授着秦腔。他们大都不识字，但却出奇地能一本一本整套背诵出剧本，虽然那常常是之乎者也的字眼从那一圈胡子的嘴里吐出来十分别扭。有了秦腔，生活便有了乐趣，高兴了，唱"快板"，高兴得是被烈性炸药爆炸了一样，要把整个身心粉碎在天空！痛苦了，唱"慢板"，揪心裂肠的唱腔却表现了多么有情有味的美来，美给了别人的享受，美也熨平了自己心中愁苦的皱纹。当他们在收获时节的土场上，在月在中天的庄院里大吼大叫唱起来的时候，那种难以想像的狂喜、激动、雄壮，与那些献身于诗歌的文人，与那些有吃有穿却总感空虚的都市人相比，常说的什么伟大的永恒的爱情是多么渺小、有限和虚弱啊！

我曾经在西府走动了两个秋冬，所到之处，村村都有戏班，人人都会清唱。在黎明或者黄昏的时分，一个人独独地到田野里去，远远看着天幕下一个一个山包一样隆起的十三个朝代帝王的陵墓，细细辨认着田埂上，荒草中那一截一截汉唐时期石碑上的残字，高高的土屋上的窗口里就飘出一阵冗长的二胡声，几声雄壮的秦腔叫板，我就痴呆了，感觉到那村口的土尘里，一头叫驴的打滚是那么有力，猛然发现了自己心胸中一股强硬的气魄随同着胳膊上的肌肉疙瘩一起产生了。

每到农闲的夜里，村里就常听到几声锣响：戏班排演开始了。演员们都集合起来，到那古寺庙里去。吹、拉、弹、奏、翻、打、念、唱，提袍甩袖，吹胡瞪眼，古寺庙成了古今真乐府，天地大梨园。导演是老一辈演员，享有绝对权威，演员是一家几口，夫妻同台，父子同台，公公儿媳也同台。按秦川的风俗：父和子不能不有其序，爷和孙却可以无道，弟与哥嫂可以嬉闹无常，兄与弟媳则无正事不能多言。但是，一到台上，秦腔面前人人平等，兄可以拜弟媳为帅为将，子可以将老父绳绑索捆。寺庙里有窗无扇，屋梁上蛛丝结网，夏天蚊虫飞来，成团成团在头上旋转，薰蚊草就墙角燃起，一声唱腔一声咳嗽。冬天里四面透风，柳木疙瘩火当中架起，一出场一脸正经，一下场凑近火堆，热了前怀，凉了后背。排演到什么时候，什么时候都有观众，有抱着二尺长的烟袋的老者，有凳子高、桌子高趴满窗台的孩子。庙里一个跟头未翻起，窗外就哇地一声叫倒好，演员出来骂一声：谁说不好的滚蛋！他们抓住窗台死不滚去，倒要连声讨好：翻得好！翻得好！更有殷勤的，跑回来偷拿了红薯、土豆，在火堆里煨熟给演员做夜餐，赚得进屋里有一个安全位置。排演到三更鸡叫，月儿偏西，演员们散了，孩子们还围了火堆弯腰踢踢腿，学那一招一式。

一出戏排成了，一人传出，全村振奋，扳着指头盼那上演日期。一年12个月，正月元宵日，二月龙抬头，三月三，四月四，五月八日过端午，六月六日晒丝绸，七月过半，八月中秋，九月初九，十月一日，再是那腊月五豆，腊八，二十三……月月有节，三月一会，那戏必是上演。戏台是全村人的共同的事业，宁肯少吃少穿也要筹资积款，买上好的木石，请高强的工匠来修筑。村子富不富，就比这戏台阔不阔。一演出，半下午就扛凳子去占地位了，未等戏开，台下坐的、站的人头攒拥，台两边阶上立的卧的是一群顽童。那锣鼓就叮叮咣咣地闹台，似乎整个世界要天翻地覆了。各类小吃趁机摆开，一个食摊上一盏马灯，花生、瓜子、糖果、烟卷、油茶、麻花、烧鸡、煎饼，长一声短一声叫卖不绝。锣鼓还在一声儿敲打，大幕只是不拉，演员偶尔从幕边往下望望，下边就喊：开演呀，场子都满了！幕布放下，只说就要出场了，却又叮叮咣咣不停。台下就乱了，后边的喊前边的坐下，前边的喊后边的为什么不说最前边的立着；场外的大声叫着亲朋子女名字，问有坐处没有，场内的锐声回应快进来；有要吃煎饼的喊熟人去买一个，熟人买了站在场外一扬手，"日"地一声隔人头甩去，不偏不倚目标正好；左边的喊右边的踩了他的脚，右边的叫左边的挤了他的腰，一个说：狗年快完了，你还叫啥哩？一个说：猪年还没到，你便攻开了！言语伤人，动了手脚；外边的乘机而入，一时四边向里挤，里边向外扛，人的漩涡涌起，如四月的麦田起风，根儿不动，头身一会儿倒西，一会儿倒东，喊声，骂声，哭声一片；有拼命挤将出来的，一出来方觉世界偌大，身体胖胖，但差不多却光了脚，乱了头发。大幕又一挑，站出戏班头儿，大声叫喊要维持秩序；立即就跳出一个两个所谓"二杆子"人物来。这类人物多是头脑简单，四肢发达，却十二分忠诚于秦腔，此时便拿了树条儿，哪里人挤，哪里打去，如凶神恶煞一般。人人恨骂这些人，人人又都盼有这些人，叫他们是秦腔宪兵，宪兵者越发忠于职责，虽然彻夜不得看戏，但大家一夜满足了，他们也就满足了一夜。

终于台上锣鼓停了，大幕拉开，角色出场。但不管男的女的，出来偏不面对观众，一律背身掩面，女的就碎步后移，水上漂一样，台下就叫：瞧那腰身，那肩头，一身的戏哟！是男的就摇那帽翎，一会儿双摇，一会儿单摇，一边上下飞闪，一边纹丝不动，台下便叫：绝了，绝了！等到那角色儿猛一转身，头一高扬，一声高叫，声如炸雷豁啷啷直从人们头顶碾过，全场一个冷颤，从头到脚，每一个手指尖儿，每一根头发梢儿都麻酥酥的了。如果是演《救裴生》，那慧娘站在台中往下蹲，慢慢地，慢慢地，慧娘蹲下去了，全场人头也矮下去了半尺，等那慧娘往起站，慢慢地，慢慢地，慧娘站起来了，全场人的脖子也全拉长了起来。他们不喜欢看生戏，最欢迎看熟戏，那一腔一调都晓得，哪个演员唱得好，就摇头晃脑跟着唱，哪个演员走了调，台下就有人要纠正。说穿了，看秦腔不为求新鲜，他们只图过过瘾。

在这样的地方，这样的环境，这样的气氛，面对着这样的观众，秦腔是最逞能的，它的艺术的享受，是和拥挤而存在，是有力气而获得的。如果是冬天，那风在刮着，像刀子一样，如果是夏天，人窝里热得如蒸笼一般，但只要不是大雪、冰雹、暴雨，台下的人是不肯撤场的。最可贵的是那些老一辈的秦腔迷，他们没有力气挤在台下，也没有好眼力看清演员，却一溜一排地蹲在戏台两侧的墙根，吸着草烟，慢慢将唱腔品赏。一声叫板，便可以使他们坠入艺术之宫，"听了秦腔，肉酒不香"，他们是体会得最深。那些大一点儿的，脾性野一点儿的孩子，却占领了戏场周围所有的高空，杨树上，柳树上，槐树上，一个枝杈一个人。他们常常乐而忘了险境，双手鼓掌时竟从树杈上掉下来,掉下来自不会损伤,因为树下是无数的人头,只是招致一顿臭骂罢了。更有一些爬在了场边的麦秸上,夏天四面来风,好不凉快,冬日就趴个草洞,将身子缩进去,露一个脑袋。也正是有闲阶级享受不了秦腔吧,他们常就瞌睡了,一觉醒来,月在西天,戏毕人散,只好苦笑一声悄然没声儿地溜下来回家敲门去了。

当然,一次秦腔演出,是一次演员亮相,也是一次演员受村人评论的考场。每每角色一出场,台下就一片喊喊喳喳:这是谁的儿子,谁的女子,谁家的媳妇,娘家何处?于是乎,谁有出息,谁没能耐,一下子就有了定论。有好多外村的人来提亲说媒,总是就在这个时候进行。据说有一媒人将一女子引到台下,相亲台上一个男演员,事先夸口这男的如何俊样,如何能干,但戏演了过半,那男的还未出场,后来终于出来,是个国民党的伪兵,还持枪未走到中台,扮游击队长的演员挥枪一指,"叭"地一声,那伪兵就倒地而死,爬着钻进了后幕。那女子当下哼了一声,闭了嘴,一场亲事自然了。这是喜中之悲一例。据说还有一例,一个老头在脖子上架了孙孙去看戏,孙孙吵着要回家,老头好说好劝只是不忍半场而去,便破费买了半斤花生,他眼盯着台上,手在下边剥花生,然后一颗一颗扬手喂到孙孙嘴里,但喂着喂着,竟将一颗塞进孙孙鼻孔,吐不出,咽不下,口鼻出血,连夜送到医院动手术,花去了 70 元钱。但是,以秦腔引喜的事却不计其数。每个村里,总会有那么个老汉,夜里看戏,第二天必是头一个起床往戏台下跑。戏台下一片石头,砖头,一堆堆瓜子皮,糖果纸,烟屁股,他掀掀这块石头,踢踢那堆尘土,少不了要捡到一角两角甚至三元四元钱币来,或者一只鞋,或者一条手帕。这是村里钻刁人干的营生,而馋嘴的孩子们有的则夜里趁各家锁门之机,去地里搞那香瓜来吃,去谁家院里将桃杏装在背心兜里回来分红。自然少不了有那些青春妙龄的少男少女,则往往在台下混乱之中眼送秋波,或者就悄悄退出,相依相偎到黑黑的渠畔树林子里去了……

秦腔在这块土地上,有着神圣的不可动摇的基础。凡是到这些村庄去下乡,到这些人家去做客,他们最高级的接待是陪着看一场秦腔,实在不逢年过节,他们就会要合家唱一会儿乱弹,你只能点头称好,不能耻笑,甚至不能有一点儿不入神的表示。他们一生最崇敬的只有两种人,一是国家领导人,一是当地的秦腔名角。即是在任何地方,这些名角没有在场,只要发现了名角的父母,去商店买油是不必排队的,进饭馆吃饭是会有座位的,就是在半路上挡车,只要喊一声:我是某某的什么,司机也便要嘎地停车。但是,谁要侮辱一下秦腔,他们要争死争活地和你论理,以至大打出手,永远使你记住教训。每每村里过红白丧喜之事,那必是要包一台秦腔的,生儿以秦腔迎接,送葬以秦腔志哀,似乎这个人生的世界,就是秦腔的舞台,人只要在舞台上,生、旦、净、丑,才各显了真性。恶的夸张其丑,善的凸现其美,善的使他们获得了美的教育,恶的也使丑里化作了美的艺术。

广漠旷远的八百里秦川,只有这秦腔,也只能有这秦腔,八百里秦川的劳作农民只有也只能有这秦腔使他们喜怒哀乐。秦人自古是大苦大乐之民众,他们的家乡交响乐除了大喊大叫的秦腔还能有别的吗?

心灵体验

《秦腔》是一篇描写乡土风情的散文作品。文章揭示了八百里秦川西府民性敦厚,声韵发展,正是这样的厚土和人情孕育了秦腔的艺术形式。秦腔与秦人的生活密不可分,血肉相连。秦腔在秦地上,"有着神圣不可动摇的基础"。只有这秦腔,也只能有这秦腔,能使八百里秦川的劳作农民喜怒哀乐。

放飞思维

1. 几百年来,秦腔没有被淘汰、被沉沦,其中的原因是什么?

2. 文中描写了哪几则戏迷逸事?这表达了秦人对秦腔怎样的感情?

3. 你听过秦腔吗?写写你的感受。

鼓　韵

◆张春玲

> 那系着彩绸、一开一合的铜钹，在阳光下，金灿灿、亮闪闪，那清脆声音撞击着耳鼓，让人好激动好激动啊。

　　说起敲锣打鼓，不是吹牛，当推我们临汾。十一届亚运会开幕式上，一声呐喊，喊出了临汾800人的锣鼓队，人如潮涌，阵似排兵，男、女、老、少、壮，鼓、锣、钹、镲、磬。于是，那"咚咚锵锵"的鼓声便把亚运盛会的热烈气氛推向了高潮。那黄土地铿锵有力的鼓点撼动了整个世界，那北方粗犷豪壮的鼓韵便久久萦绕在中国人的心头！雄放的黄土高原产生着阳刚气十足的艺术。就像在冷飕飕的三九天喝着65度的汾酒、吃漂着厚厚一层辣油的羊肉泡馍一样，临汾人爱听铁板铜琶、高亢激越的《窦娥冤》、《十五贯》；最喜欢在拥挤的人丛里，头顶举着脸庞已冻得通红的孩子，听那把心房震得咚咚作响的锣鼓。我记着有一位白发苍苍的老爸爸流着泪竖着大拇指对我讲：他的一位英俊而鼓艺高超的兄弟在人们的一片喝彩声中累断筋骨含笑死去。我便恨自己是位丫头，便急急地盼着快快长大，去挥舞那扎着红缨缨的、沉甸甸的鼓槌。

　　鼓声伴着我长大。而在我记忆里敲得最响最热烈最奔放的，要数春节的添岁鼓了。一入腊月，十里八村的人们便聚在一起，切磋技艺，共享欢乐。腊月二十三，人们用虔诚的锣鼓送灶；除夕之夜，在铺天盖地的爆竹声里，总少不了鼓的和鸣；正月十五，锣鼓成了花灯的前奏；直到二十，焰火晚会的礼花总是在欢欣的鼓乐里升腾……

　　我永远忘不了骑在爸爸脖子上、脸儿冻得红红的，在人头缝里看正月十五闹社火的场面：在高跷队、旱船舞的前面，锣鼓在为他们开道（那时你一定得拦住他们的——观众堵住去路便是对表演者的最大奖赏了）。于是，我看见皂袍束带、头裹纶巾、一身戎装的鼓手们，在一位鹤发童颜的长者令旗下，风风火火地敲打起来。爸爸说：这一段叫《秦王点兵》，那一节是《穆桂英大破天门阵》，我不懂。我看见那系着彩绸、一开一合的铜钹，在阳光下，金灿灿、亮闪闪，那清脆声音撞击着耳鼓，让人好激动好激动啊。我被那击鼓敲锣上下翻飞的一片红缨牢牢吸引住了。于是，在别人含笑的注视里，我把自己的一双小手拍得生疼生疼。

我觉着,我的家乡是一片生长锣鼓的土地;我知道,家乡的锣鼓是鼓林里的伟男!腰鼓虽轻快活泼却失之纤弱;婚丧嫁娶的锣鼓因有唢呐的伴唱又显得凄婉;那银屏上、戏剧里的升堂,会令你想起百姓的冤屈;而古时进军收兵时的击鼓鸣金,总让人隐约看到暴露千年无人收的累累的白骨……只有故乡热情奔放豪迈恣肆的鼓声,让你顿生崇敬,催你奋发进取!

家乡唤春的如黄河涛声一样的锣鼓哟,我为你骄傲!

心灵体验

文章表现了临汾锣鼓的特色:热烈、奔放、豪迈、撼人心魄。行文中通过语句的富于变化——长短句的错综美,排比句的变化美,对比句的立体美来表现了锣鼓的丰富多变。

放飞思维

1.用"家乡的锣鼓,是……的锣鼓"的形式,写一排比句表现临汾锣鼓的特色。

2.说说第一段的主体部分是从哪两个方面支撑第一句话的?

3.第一段中写"老爸爸"讲的故事在文中的作用是什么?

观　舞

◆[英国]高尔斯华绥

笑与爱曾经帮助形成她们的舞姿;笑与爱此刻又正从她们的一张张笑脸中,从她们肢体的雪白而灵动的旋转中息息透出,光彩照人。

某日下午我被友人邀至一家剧院观舞。幕启后,台上除周围高垂的灰色幕布外,空荡不见一物。不久,从幕布厚重的褶折处,孩子们一个个或一双双联翩而入,最后台上总共出现了10多个人。全都是女孩子;其中最大的看来也不超过十三四岁,最小的一两个则仅有七八岁。她们穿得都很单薄,腿脚胳臂完全袒露。她们的头发也散而未束;面孔端庄之中却又堆着笑容,竟是那么和蔼而可亲,看后恍有被携去苹果仙园之感,仿佛自身已不复存在,惟有精魂浮游于那缥缈的晴空。这些孩子当中,有的白皙而丰满,有的棕褐而窈窕;但却个个欢欣愉快,天真烂漫,没有丝毫矫揉造作之感,尽管她们显然全都受过极高超和认真的训练。每个跳步,每个转动,仿佛都是出之于对生命的喜悦而就在此时此地即兴编成的——舞蹈对于她们真是毫不费难,不论是演出还是排练。这里见不到蹩足欠步、装模作样的姿态,见不到徒耗体力、漫无目标的动作;眼前惟有节奏、音乐、光明、舒畅和(特别是)欢乐。笑与爱曾经帮助形成她们的舞姿;笑与爱此刻又正从她们的一张张笑脸中,从她们肢体的雪白而灵动的旋转中息息透出,光彩照人。

尽管她们无一不觉可爱,其中却有两人尤其引我注目。其一为她们中间个子最高,肤褐腰细的那个女孩。她的每种表情每个动作都可现出一种庄重然而火辣的热情。

舞蹈节目中有一出由她扮演一个美童的追求者,这个美童的每个动作,顺便说一句,也都异常妩媚;而这场追逐——宛如戏水蜻蜓之戏舞于睡莲之旁,或如暮春夜晚之向明月吐诉衷曲——表达了一缕摄人心魂的细细幽情。这个肤色棕褐的女猎手,情如火燎,实在是世间一切渴求的最奇妙不过的象征,深深地感动着人们的心。当我们从她身上看到她在追求他那情人时所流露的一腔迷惘激情,那种将得又止的曲折神态,我们仿佛隐然窥见了那追逐奔流于整个世界并永永如斯的伟大神秘力量——如悲剧之从不衰歇,虽永劫而长葆芳馨。

另一个使我迷恋不置的是身材上倒数第二、发作浅棕、头着白花半月冠的俊美女神,短裙之上,绛英瓣瓣,衣衫动处,飘飘欲仙。她的妙舞已远远脱出儿童的境界。她那娇小的秀颜与腰肢之间处处都燃烧着律动的圣洁火焰;在她的一小段"独舞"中,她简直成了节奏的化身。快睹之下,恍若一团喜气骤从天降,并且登时凝聚在那里;而满台喜悦之声则洋洋乎盈耳。这时从台下响起了一片啧啧之声,继而欢声雷动。

我看了看我那友人,他正在用指尖悄悄地从眼边拭泪。至于我自己,则氍毹之上几乎一片溟濛世界万物都顿觉可爱;仿佛经此飞仙用圣火一点,一切都已变得金光灿灿。

或许惟有上帝知道她从哪里得来的这股力量,能够把喜悦带给我们这些枯竭的心田;惟有上帝知道她能把这力量保持多久! 但是这个蹁跹的小爱神的身上却蕴蓄着那种为浓艳色调、幽美乐曲、天风丽日以及某些伟大艺术珍品等等所同具的力量——足以把心灵从它的一切窒碍之中解脱出来,使之泛满喜悦。

心灵体验 在这篇优美的叙事抒情散文中,作者不仅是在用他饱蘸爱意的笔,更是用最纯洁、最美的生命在挥洒,挥洒那一群可爱的小舞蹈者。

放飞思维

1.为什么作者会有"恍有被攫去苹果仙园之感"？
2.作者特写了哪两个人？这两个人物是怎样感染作者的？

余　韵

◆张爱华

元代舞台不过就是一个空旷的架子，四周的
木柱经过八九百年的风雨，已经是斑驳的灰白，看
不出当年的颜色了。

关帝庙的第二道木门一关，台阶就成了舞台，山西有几座保存很好的元代舞台。

山西仿佛哪儿都是舞台，从青砖灰瓦的民居端盆走出的少妇，好像元曲中的人物。当然，我不是说太原，也不是说临汾，而是到周围的县镇、小村里去，那味道就出来了。至今，山西许多村子的名还是曲牌的名。

在青石板的小巷子里，有一种时光停滞之感。

山西和山东挨着，给我的感受却大不相同，差别近似于"台上"和"台下"，山东的历史住进了博物馆，而山西的历史就是今天，是活的。这是我头一次去山西南部的感受，后来又去过几次，感受大致相同。

永济广胜寺院里有一棵古榕树，满目沧桑，我曾见一个男子在树下说唱——又像说又像唱，语气节奏浑然一体，那是一种完全听不懂的语言，眼神儿非常执著，仿佛穿过了你而看到了古人。如果不是这里，你会断定他是个疯子，可是在莺莺塔下，他似乎和戏有了某种关系，一个不肯随他的元朝而去的走火入魔的戏迷。我站在他旁边听着，想听清一句半句，但是不能够。

陪同我们的老乔说，他每次到广胜寺差不多都见到这个人，满头大汗地说着，很有韵味，谁也不懂。

我离开广胜寺时是美丽的傍晚，榕树下的男人站在彤红中，干瘦，几乎辨别不出年龄。

我忽然觉得，"韵味"其实是一种苦涩的味道。

离开那片荷塘就到了一座元代舞台,也许我把次序搞颠倒了。我对那座舞台的印象是和荷塘连在一起的,硕大的粉色荷花,在微风中簌簌抖动。也许正是明暗对比才让我萦绕于怀吧,在荷花簇拥之中,那座舞台显得暗旧、不起眼儿,如果你不知道它的历史,你都不会瞥它一眼。曲终人散的舞台和人老珠黄的演员一样,是最让人心情不平静的。

老乔对山西古文化,尤其对元代舞台很有研究,写过不少有分量的文章,我读过他的《尧都沧桑》。

元代舞台不过就是一个空旷的架子,四周的木柱经过八九百年的风雨,已经是斑驳的灰白,看不出当年的颜色了。顶部遮棚露着一条一条的蓝天。

我登上舞台,木板发出牛角一样低沉、粗粗的回声,还有一股灰烟惊惶地飞起来。我坐在舞台中央,盘着腿,茫然四顾,除了僵硬的舞台,大片的荷叶荷花,快要成熟的大豆秧,还有越抱越紧的一望无际的白菜……全都在运动,在向什么地方奔去的样子。而舞台却像一个秘密隐蔽在岁月的深处了;今天的人们,谁还对秘密有兴趣呢?

心灵体验

元代是戏曲高度发展的时代,山西更是那个时代的戏曲兴盛之地。尽管岁月流逝,在当年的"姹紫嫣红开遍"之地,如今虽已是"断井颓垣",却仍然余韵未歇,我们仿佛仍能听到铿锵的锣鼓和悠扬的管弦。

放飞思维

1. 作者说山西和山东的差别"近似于'台上'和'台下',山东的历史住进了博物馆,而山西的历史就是今天,是活的"。你能联系上下文说说这段话的意思吗?

2. "余韵"的具体内容是什么?

3. 读完本文,你觉得历史和文化有什么不同?能用几句话概括你的感受吗?

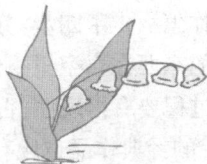

欣 赏 经 典

◆王小波

> 经典作品是好的,但看的次数不可太多。看的
> 次数多了不能欣赏到艺术。

有个美国外交官,二三十年代在莫斯科呆了10年。他在回忆录里写道:他看过三百遍《天鹅湖》。即使在芭蕾舞剧中《天鹅湖》是无可争辩的经典之作,看三百遍也太多了;但身为外交官,有些应酬是推不掉的,所以这个戏他只能一遍又一遍地看,看到后来很有点儿吃不消。我猜想,头几十次去看《天鹅湖》,这个美国人听到的是柴可夫斯基优美的音乐,看到的是前苏联艺术家优美的表演,此人认真地欣赏着,不时热烈地鼓掌。看到一百遍之后,观感就会有所不同,此时他只能听到一些乐器在响着,看到一些人在舞台上跑动,自己也变成木木痴痴的了。看到二百遍之后,观感又会有所不同。音乐一响,大幕拉开,他眼前是一片白色的虚空——他被这个戏魔住了。此时他两眼发直,脸上挂着呆滞的傻笑,像一条冬眠的鳄鱼——松弛的肌肉支持不住下巴,就像冲上沙滩的登陆艇那样,他的嘴打开了,大滴大滴的哈喇子从嘴角滚落,掉在膝头。就这样如痴如醉,直到全剧演完,演员谢幕已毕,有人把舞台的电闸拉掉,他才觉得眼前一黑。这时他赶紧一个大嘴巴把自己打醒,回家去了。后来他拿到调令离开苏联时,如释重负地说道:这回可好了,可以不看《天鹅湖》了。

如你所知,该外交官看《天鹅湖》的情形都是我的猜测——说实在的,他流了哈喇子也不会写进回忆录里——但我以为,对一部作品不停地欣赏下去,就会遇到这三个阶段。在第一个阶段,你听到的是音乐,看到的是舞蹈——简言之,你是在欣赏艺术。在第二个阶段,你听到一些声音,看到一些物体在移动,觉察到了一个熟悉的物理过程。在第三个阶段,你已经上升到了哲学的高度,最终体会到芭蕾舞和世间一切事物一样,不过是物质存在的形式而已。从艺术到科学再到哲学,这是个返璞归真的过程。一般人的欣赏总停留在第一阶段,但有些人欣赏能达到第二阶段。比方说,在电影《霸王别姬》里,葛优扮演的戏霸就是这样责备一位演员:"别人的"霸王出台都走六步,你怎么走了四步?在实验室里,一位物理学家也会这样大惑不解地问一个物体:别的东西在真空里下落,加速度都是一个G,你怎么会是两个G?在实验室里,物理过程要有再现性,否则就不成其为科学,所以不能有以两个G下落的物体。艺术上的经典作品也应有再现性,比方说,《天鹅湖》,这个

舞剧的内容是不能改变的。这是为了让后人欣赏到前人创造的最好的东西。它只能照老样子一遍遍地演。

经典作品是好的,但看的次数不可太多。看的次数多了不能欣赏到艺术——就如《红楼梦》说饮茶:一杯为品,二杯是解渴的蠢物,三杯就是饮驴了。当然,不管是品还是饮驴,都不过是物质存在的方式而已,在这个方面,没有高低之分……

"文化革命"里,我们只能看到八个样板戏。打开收音机是这些东西,看个电影也是这些东西。插队时,只要听到广播里音乐一响,不管轮到了沙奶奶还是李铁梅,我们张嘴就唱;不管是轮到了吴琼花还是洪常青,我们抬腿就跳。路边地头的水牛看到我们有此举动,怀疑对它有所不利,连忙扬起尾巴就逃。假如有人说我唱的跳的不够好,在感情上我还难以接受:这就是我的生活——换言之,是我存在的方式,我不过是嚷了一声,跳了一个高,有什么好不好的?打个比方来说,犁田的水牛在拔足狂奔时,总要把尾巴像面小旗子一样扬起来,从人的角度来看有点不雅,但它只会这种跑法。我在地头要活动一下筋骨,就是一个倒踢紫金冠——我就会这一种踢法,别的踢法我还不会哪。连这都要说不好,岂不是说,我该死掉?根据这种情形,我认为自己对八个样板戏的欣赏早已到了第三个阶段,我们是从哲学的高度来欣赏的,但这些戏的艺术成就如何,我确实是不知道。莫斯科歌舞剧院演出的《天鹅湖》的艺术水平如何,那位美国外交官也不会知道。你要是问他这个问题,他只会傻呵呵地笑着,你说好,他也说好,你说不好,他也说不好……

在一生的黄金时代里,我们没有欣赏到别的东西,只看了八个戏。现在有人说,这些戏都是伟大的作品,应该列入经典作品之列,以便流传到千秋万代。这对我倒是种安慰——如前所述,这些戏到底有多好我也不知道,你怎么说我就怎么信,但我也有点儿怀疑,怎么我碰到的全是经典?就说《红色娘子军》吧,作曲的杜鸣心先生显然是位优秀的作曲家,但他毕竟不是柴可夫斯基……芭蕾和京剧我不懂,但概率论我是懂的。这辈子碰上了八个戏,其中有两个是芭蕾舞剧,居然个个是经典,这种运气好得让人起疑。根据我的人生经验,假如你遇到一种可疑的说法,这种说法对自己又过于有利,这种说法准不对,因为它是编出来自己骗自己的。当然,你要说它们都是经典,我也无法反对,因为对这些戏我早就失去了评判能力。

心灵体验　　文章的文笔并不花哨,但自有其刚性与韧度,充满了逻辑性很强的幽默色彩。他从一个美国外交官看过三百遍《天鹅湖》说起,聊到欣赏艺术的三个阶段,再扯到《红楼梦》里的饮茶和"文革"时期的八个样板戏,又提及什么"概率论"……作者坚持着把真的当成美的,去正视它们,表现它们,研究它们。

放飞思维

1.文中所谓的经典含义有多种。你对"……其中有两个是芭蕾舞剧,居然个个是经典,……"这一句中"经典"的含义怎样解释?

2.文章语言极具特色,试摘录几句,稍作分析。

3.生活中,我们也常常碰到过"经典"的艺术,请举一个例子谈谈你对这些"经典"的认识和看法。

电视克隆人

◆ 张抗抗

工业化时代的电视剧,是一台巨大的克隆机器,以工业流程无限复制着人物和故事,克隆出它的受众。

你愿意克隆自己吗——不,不愿意。我绝不希望看到另一个相貌、品性都同我一模一样的人。

你喜欢身边的亲人,或是朋友被克隆吗?不,不喜欢。假如我的亲人和朋友被大量复制,我就等于没有亲人和朋友了。

那么你能忍受你最讨厌的人被克隆吗?不,不能忍受。那样的话,我的憎恨就失去了目标,整个世界都会让我厌恶。

好了,我知道你的意思了。可惜我不得不告诉你,你的选择无效。

尽管克隆人的生物技术尚未完善或计划未被正式实施,但我们每天面对的电视屏幕中滔滔不绝的电视连续剧和广告,却已主动承担起了克隆人的功能。它们一个镜头一个镜头、一句话一句话、一个细节一个细节,面对面、手把手地耐心改造着屏幕前的每个人,教人们说话穿衣、化妆美容,教人们如何哭如何笑,用 A 语言系列表示欢乐,用 B 动作系统代表痛苦。话语和服饰一旦变成流行的时尚,就像蝗虫覆盖稻田一般疯狂,客气些是蚕食样一寸寸侵吞。那些电视剧还都是上了卫星的,在海峡两岸和香港半岛两边来回游逛。等你蓦然回首,发现天下的人一个个竟然如此相像，就连普通话都故意往不准了咬，一口一个美美(妹妹)，妈妈已沦为马马。

给我刺激最凶的，竟是家中17岁的小保姆，从农村出来不到一年，声声应答全是电视剧中台词。高兴时说："我好好开心。"生气时说："我杀了他！"家中有人身体不适，她必用剧中腔调问："你没事吧。"赞美一律用："好厉害喔！"批评语是："真是太过分啦。"惊叹语是："哇塞！"每天工作之余狂看电视是她生活中惟一痴迷的乐事，译制片太难懂，自然是不屑看的，翻来覆去都是国产肥皂剧，小燕子已经看到第三遍了。问她这辈子最大的愿望是什么，说是想当格格。有时客厅开着电视，她会在厨房大嚷：是不是有人要死了？再看屏幕，果然是有人正在死去，临死前的语气声调音乐，A片和B片难分彼此；遇上恋爱、枪战、缉毒的场面，尚未开始她便能将结果给你一一报来。我说你看电视都快看成个电视精了，既然都知道了还看个什么劲？她说过去老家的电视里哪有这么多频道呀，出来打工真的是好好过瘾啊。

在电视屏幕的辐射下，农村姑娘迅速地脱胎换骨，模仿不需要指点，她若是在电视机前再待下去，不知是否还会用自己的语言说话。

工业化时代的电视剧，是一台巨大的克隆机器，以工业流程无限复制着人物和故事，克隆出它的受众；然后受众与受众之间交叉克隆；最后，由被克隆的受众制造出新的克隆机器，如此循环往复而乐此不疲。所以看电视宁可看农业科技考古自然和社会纪实专题片，也许还能找到人和人之间哪怕一丝丝的不同。

曾经想换了那个小保姆，却又担心新来的也会同她说着一样的话，脸上是同样的表情，做着同样的电视梦，就只好打消了这个念头。

若是自己去写电视剧本，当然决不会比屏幕上的好。因为我也已被克隆。

心灵体验

如今电视在人们的生活中占据了相当大的空间，人们的个性在电视的影响下逐渐丧失。模仿电视人物的说话穿衣、化妆美容、喜怒哀乐，使人们越来越没有各自的独特性了。读完本文，你是否会惊异自己也已被"克隆"了呢？

放飞思维

1. 作者不喜欢人被克隆的原因是什么？

2. 电视剧和广告是怎样克隆人的？找出文中相应的句子。

3. 作者举小保姆的例子想说明什么？

戏 如 人 生

◆林今开

> 这时,女主角正由一个老妇扶着走下台来,她仍不停地唏嘘、呜咽着,表情非常悲怆,似乎戏还在上演。

一位台湾老人游东京,携介绍函到新宿公寓找我。我见他鹤发童颜,气宇不凡,不免对他肃然起敬。

他说明来意,要我介绍一家东京歌剧院,由他购票入场,惟请特准他在散场时到后台参观一下。

霎时间,他的形象在我眼里缩小了。原来他是个老不修,初到东京,什么正经的不看,但图亲近日本女戏子。但我受人之托,不得不挂个电话给那家剧院,替他订了当晚票位,并拜托票房经理指定一位服务员,在散场时引带这位老者进入后台参观。

第二天早上,这老人特来致谢辞行。他很得意地说,此次游日,过境签证只限两天,他只能作重点考察三个目标,虽很细微,却能由微而窥大;尤其最后一项,得我之助,混入后台,所见所闻,极有心得。

这时,他的形象稍微放大,也扭正了一些。我问道:"是哪三项?"

"我是个缺德鬼,素来察人观耳后;穿堂过户,乐看人家厨房的抹布;考察一个国家也是如此。这次我来东京,千街万厦,不在眼里,但看,一、菜篮,二、公厕,三、后台。我首先站在东京旧式菜市场门口,看一个个日本主妇提着菜篮出来,篮中食物相当丰富,尤其种类分配均匀,这是日本最足以自傲的一点;其次,我到新宿高架电车道下面,观察日本人随地小便的密集区,这是日本最丢脸的一面;最后,承你安排到剧院后台参观,使我非常感动,藉此了解日本民族的特质。"

他的形象再放大了,我急问道:"您看到什么?"

"昨夜演出《茶花女》悲剧,散场时,我被带到后台去,这时,女主角正由一个老妇扶着走下台来,她仍不停地唏嘘、呜咽着,表情非常悲怆,似乎戏还在上演。那老妇一边替她拭泪,一边安慰道:'姑娘啊! 别再伤心! 现在是 1980 年,戏已经落幕了,我们不在巴黎,在东京,你不是苦命的茶花女,而是日本最幸运的姑娘,你慢慢回过来吧! 乖,好姑娘,回过来吧!……慢慢的……'后台这一幕,使我大开眼界,我活在中国社会,惯看'人生如戏',昨夜得见'戏如人生',非常过瘾,也感慨万千! "

这时，那老人大大膨胀起来，形同巨人。我再三请他留下长叙，却留不住，他才走到门口，又折回来道：

"差一点儿忘了奉告主人，方才经过你的储藏室旁边，偷看一下，发现有一条抹布不够干净。再见！"

他的形象终于消失在人海中。

心灵体验

《戏如人生》是一篇奇文。文章刻画了一位鹤发童颜、气宇不凡的台湾老人的形象。这位老人举止诡谲，出语不凡，戏谑调侃，处处表现了自己的性格。

放飞思维

1. 说说本文最能表现老人性格的描写是哪里。
2. "人生如戏"、"戏如人生"是老人从实践中概括出来的，你怎样理解这两种说法。

小丑的眼泪

◆ [奥地利] 约·马·齐默尔

坐在她身旁的父亲在笑，母亲也在笑，只有这个扎着红蝴蝶结的小姑娘不笑。在 327 个孩子中，只有她一人不笑。

一

孩子们，孩子们，圣诞夜的前一天上演的马戏开演了。大地覆盖着厚厚的积雪，所有的屋檐下都挂着耀眼的冰凌，但是马戏团的帐篷里却既温暖又舒适。帐篷里不但像往常一样散发着皮革和马厩的气味，而且还弥漫着葱姜饼干、胡椒花生以及圣诞枞树的芬芳。

327 个孩子和他们的父母在观赏马戏表演。今天下午，这些小男孩和小姑娘们是他们父亲所在工厂的客人。早在 11 月份，厂主就说过："今年我们工厂很走

125

运。因此大家一定要好好庆祝一番今年的圣诞节，要比往年隆重。我建议我们大家一起去看马戏。有孩子的人把孩子也带着。我也把我的三个孩子带去。"

因此，与324个孩子一起，厂长的两个女孩和一个男孩，也正坐在他们的父母身旁。盼望已久的圣诞节庆典像预料的那样盛况空前。

接着，马戏表演开始了。

这对孩子们来说是最引人入胜的。他们满心喜悦地坐在巨大的帐篷里。当黑色的矮马跳舞时，他们欣喜若狂；当雄狮怒吼时，他们毛骨悚然；当穿着银白色紧身衣的漂亮女郎在半空中荡秋千时，他们惊恐得大叫。

啊，小丑出场了！

他刚在跑马道上跌跌绊绊地出现，孩子们就欢快地扯开他们的嗓门尖叫起来。从那一刻开始，人们就连自己的说话声都听不见了。孩子们大笑着，帐篷在他们的笑声中颤抖。他们笑得那么厉害，以至眼泪蒙住了视线。

这个小丑可真了不起！他的滑稽表演是那样扣人心弦，连厂长都张大了嘴巴。在此之前，还从来没有人看到过厂长张嘴吸气哩！

这小丑根本不说话。他用不着说话就妙趣横生。他在孩子们面前表演着他们想看的哑剧。他一会儿装小猪，一会儿装鳄鱼，一会儿装跳舞的熊。装兔子的时候，他简直滑稽极了。

突然，这个年迈的著名小丑紧张起来。他发现一个头上扎着红蝴蝶结的小姑娘。

小姑娘和她的父母坐在紧挨跑马道的第一排。她是一个长着聪明俊秀的面庞的漂亮姑娘，身上穿着一套节日的蓝衣服。坐在她身旁的父亲在笑，母亲也在笑，只有这个扎着红蝴蝶结的小姑娘不笑。在327个孩子中，只有她一人不笑。

年迈的小丑想：亲爱的，让我来试试，看我能不能把你也逗笑！于是他又专为这个坐在第一排的小姑娘卖力地表演起来。

年迈的小丑从没有表演得如此精彩。

然而……无济于事。那姑娘仍然毫无笑意。她瞪着滚圆而呆滞的眼睛看着小丑，连嘴角都没有动一下。她真是个迷人的小姑娘，只是她一点儿也不笑。

小丑莫名其妙。过去，他的每一次插科打诨都知道什么时候观众开始笑，什么时候停止笑。因此他的逗乐总是恰到好处。他与观众能够进行融洽的交流。这场为孩子们做的表演对于他来说是很轻松的，因为孩子们是天真无邪的观众，可以与他们轻而易举地交流感情。但是那个小姑娘却高深莫测。

年迈的小丑正在模仿兔子，他突然感到一阵不知所措的悲戚和束手无策的恐惧。他真想中断表演。他觉得，如果坐在第一排的那个小姑娘还是那样瞪着他，他就无法再继续表演了。

于是他走到小姑娘面前,有礼貌地问:"告诉我,你不喜欢我的表演吗?"

小姑娘友好地回答:"不,我很喜欢。"

"那么,"小丑问,"其他的孩子都在笑,你为什么不笑呢?"

"请问,我为什么应该笑呢?"

小丑沉思后说:"比如说,为了我。"

姑娘的父亲想插嘴,但小丑向他做了个手势,表示希望姑娘自己回答。

"请你原谅,"她回答,"我不是想使您难过,但我确实不觉得您可笑。"

"为什么?"

"因为我看不见你。我是瞎子。"

二

当时,整个帐篷里像死一般的寂静。小姑娘沉默而友好地坐在小丑对面。小丑不知道该说什么好。他就这么呆站了很久。

母亲解释道:"爱丽卡从来没有看过马戏!我们给她讲过不少关于马戏表演的情况。"

"所以这一次她无论如何要来。她想知道马戏究竟是怎么回事!"父亲说。

小丑郑重地问:"爱丽卡,你现在知道马戏是怎么回事了吗?"

"是的,"爱丽卡高兴地回答,"我当然已经都知道了。爸爸和妈妈给我解释了这里的一切。我听到了狮子的怒吼和小马的嘶鸣。只有一件事还不清楚。"

"什么事?"小丑虽然明白,但还是问道。

"为什么您那么可笑?"扎着红蝴蝶结的爱丽卡说,"为什么大家对您发笑?"

"是这样。"小丑说。马戏场里又是一阵死一般的寂静。过了一会儿,著名的小丑像要作出重大决定似的,鞠了一个躬,说道:"听着,爱丽卡,我向你提一个建议。"

"请说吧。"

"如果你真想知道我为什么可笑……"

"当然想知道。"

"那么好吧。如果你的父母方便的话,明天下午我到你家里去。"

"到我家里?"爱丽卡激动地问。

"是的。我将表演给你看,同意吗?"

爱丽卡高兴得直点头。她拍着双手喊:"多好啊!爸爸、妈妈,他到我们家来!"

小丑问明地址后说:"6点钟怎么样?"

"行!"爱丽卡说,"啊,我多高兴啊!"

小丑伸手摸了摸她的头发,深深吸了一口气,就像一个刚从肩上卸下千斤重担的人。他向观众喊道:"女士们,先生们,表演继续进行。"

孩子们鼓起掌来。他们都对瞎眼的小爱丽卡十分羡慕,因为这个伟大的小丑将去拜访她……

三

当夜大雪纷飞,第二天仍然下个不停。5点半钟时,爱丽卡家里的圣诞树上蜡烛通明。小姑娘摸遍了桌子上摆的所有精美礼物。她吻了吻父亲,又吻了吻母亲。但是她总在不停地问:"你们认为他会来吗?你们认为他真的会来吗?"

"当然,"母亲说,"他亲口答应的。"

他准时到达。起居室的座钟正在打点。

她握着他的手,激动得结结巴巴地说:"真……真……真太好了。您真的来了!"

"当然,我答应过的。"小丑说。他向她的父母致意,然后把他给爱丽卡的礼物交给她。那是三本盲文书。爱丽卡已经读过一些盲文书籍,她十分高兴又得到三本新书。

"可以给我一杯香槟酒吗?"年迈的小丑说。

他把香槟喝完,牵着爱丽卡的手,把爱丽卡安顿在圣诞树前的沙发上,自己在她的面前跪下。

"摸摸我的脸,"他说,"还有脖子,接着是肩膀,然后还有手臂和腿。这是第一步。你必须准确地知道我是什么样子。"

小丑既没戴面具,又没穿戏装,完全没有化装。他自己没有把握他的试验能不能成功。

"好了吗?"他终于问。

"嗯。"爱丽卡说。

"你知道我的长相了?"

"清清楚楚。"

"那好,我们开始吧!"小丑说,"但是请不要让手离开我。你要不停地摸着我,这样你才能知道我在干什么。"

"好的。"爱丽卡说。

于是,年迈的小丑开始表演。他把他在马戏团表演的全套节目从头做起。父母相互紧握着对方的手,站在门旁看着。

"现在小熊在跳舞。"年迈的小丑说。当他模仿熊跳舞时,爱丽卡细嫩的小手抚摩着他,但是她的面容仍然呆滞不变。

虽然这是他毕生最困难的表演,但是小丑一点儿也不畏缩。他又开始学鳄鱼,然后学小猪。渐渐的,爱丽卡的手指从他的脸上滑到了肩上,她的呼吸急促起来,嘴巴也张开了。

仿佛爱丽卡用她的小手看到了其他孩子用眼睛看到的东西。她在小丑装小猪的时候咻咻地笑起来,笑得短促而轻柔。

年迈的小丑更有自信地表演起来。爱丽卡开始欢笑了。

"现在是兔子。"小丑说,同时开始表演他的拿手好戏。爱丽卡大笑起来,声音越来越响。她高兴得喘不过气来。

"再来一遍,"她兴奋地喊,"请再来一遍!"

年迈的小丑又装了一遍兔子,一遍又一遍。爱丽卡还是没个够。她的父母面面相觑,爱丽卡还从来没有这么快活过。

她笑得气喘吁吁。她高喊:"妈妈!爸爸!现在我知道小丑是怎么回事了!现在我什么都知道了!这真是世界上最美的圣诞节啊!"

她细小的手指仍在跪在她面前的老人脸上摸来摸去。

突然,爱丽卡吃了一惊。她发现这个伟大的小丑哭了!

心灵体验

这是一个感人至深的故事。小丑虽然故意把自己装扮成丑陋的人,并且用滑稽的动作带给观众快乐,他们真的丑吗?不,他们不仅不丑,而且有一颗美好、善良的心。他们的丑是建立在别人快乐的基础上的,他们有一颗伟大的爱心。

放飞思维

1.为什么盲人小姑娘坚持要去看马戏团的表演?你能了解她内心是怎么想的吗?她渴望的仅仅是想知道马戏表演是怎么一回事吗?

2.在文章结尾时,为什么在小姑娘感觉懂了马戏表演后,小丑反而哭了?

3.用简单的话概括出文中塑造的两个人物形象。

生命的舞鞋

◆王开岭

> 那些鞋子的真正价值并非形式上的实用,而是
> 出于精神的完整和美之对称的需要,对一个有追求
> 有尊严的生命来说,它们是永不可缺和漠视的啊!

偶尔,在路边的鞋店里,你会遇见一些特殊的顾客,她(他)是一位擎着双拐或摇着轮车的不幸的人,空荡荡的裤管暗示他们已失去了一条左腿或右腿……或许,一开始你并未多虑什么,只是用同情或尊敬的目光轻轻掠过那些受伤的躯体。可冷不丁,一个清冷的念头升了起来:在其一生中,会有多少永不曾穿用过的鞋子啊!而那只永远多余的鞋子又将在他们敏感脆弱的心灵中占据什么样的位置?

这个念头久久折磨并感动着你,虽思忖不出更多的理性的意义,但觉得有一种清冽的生命之美隐含在其中。

我曾亲眼目睹一位豆蔻少女,由双亲陪着将一辆轮车摇进了鞋店。全家人兴致勃勃围着柜台指点个不停,请老板把一只只精美的盒子打开,浏览,再换一只,打开……约半小时光景,他们在这片不足20平方米的店铺里已研究了不下10双鞋子。奇怪的是,有好多次,那少女总嫌左鞋的质地不够完美而遗憾地摇头,在常人看来,这不免显得多余,因为命运已注定她永无可能将这只实际的鞋子套在脚上……永无可能!但她和家人却挑剔得如此仔细、专注,笃诚的神情让人联想到收藏家。

一团美丽的小小的谜,像睫毛上的雾,不是么?直到后来——

那天,我应邀去一位朋友的朋友家参加一个晚会。到了才发现,晚会的女主人——那位弹奏出美妙琴声的典雅女子竟是位残疾人。她就那样恬静地坐在琴台后,披一袭水样的黑裙,不时回眸冲客人微笑着致意……

那是一支名叫《在水一方》的曲子。我躲在最远的一处沙发上用心听着,惟觉得她身上有一股月光般的清洁和摄人心魄的梦幻的力量……朋友告诉我,她曾是位小有名气的舞蹈演员,跳芭蕾的,在国内比赛中获过奖,四年前,她在旅游登山时遇上了滚石,失去了一条左腿。我愣住了,这灾难对一个靠足尖支撑艺术生命的女子而言,难道不比死亡更残酷么?是的,朋友感触地说,她绝望过、痛不欲生过,也曾偷偷服下过安眠药……可她毕竟挺过来了,现在她活得很出色,除了每天教学生练琴,还坚持写作,刚出了本散文集,很值得一读。

怀着好奇和钦佩的心情,我提出参观一下主人的书房。迎面墙上有一幅放大

的黑白剧照,那是她在全国比赛中演出《天鹅湖》的情景……最后,我驻足在一排栗色的工艺橱前,透过浅蓝的挡板玻璃,我看到十几双洁白纤巧的专用舞鞋,灵秀极了,被主人拼列成几组优美的几何图,翩然欲飞的神态……旁边还附有"年、月"等字样的纸卡,显然这都是她当初训练或比赛用过的。令人惊奇的是,在下方橱格里,还躺着些极普通的鞋子,和常人使用的并无二致,可它们仅有单只,准确地说,是左鞋,全是新的,是一只只从未穿过的左鞋……

见我隐隐发怔的样子,女主人微笑着解释道:"我用不着,就留下了,算个纪念吧。"

眼前霍然一亮,我兴奋得有些颤抖,啊,找到啦!我终于找到它们啦!这些神秘的永不曾穿用的鞋子,它们没有像所担心的那样莫名地失踪或遭遗弃,而是一直被很好地珍藏着,像其主人那样真实有力地生活在这个世界上。千真万确,它们即在眼前啊!

猛想起日前遇见的残疾少女和她的家人,那萦绕于怀的疑窦倏然澄明了:那些鞋子的真正价值并非形式上的实用,而是出于精神的完整和美之对称的需要,对一个有追求有尊严的生命来说,它们是永不可缺和漠视的啊!正像这位可敬的女演员,虽然失去了一条极有价值的腿,但她却赋予了人生更丰厚的美和价值,她的生命并没有掉队啊……

临别时,女主人送我一本她自己的书。书的封面恰好是那幅感人的《天鹅湖》,空白处有一段醒目的作者手记——

人生真正的道路是一条简陋的绳索。倘若你能优雅地走在上面,你要微笑,你要感激生命给予你这么多……而一旦你不幸被它绊倒,跌出了眼泪,当你爬起来重新上路时,你仍要始终不渝地微笑,你仍要感激生命给了你这么多……

心灵体验　　本文的主人公是女舞蹈演员,她在其舞蹈艺术趋于顶峰时,却因意外失去了左腿。但她顽强地战胜自我,不向命运屈服,赋予人生更丰厚的美和价值。文中还写了另一位同样追求"生命的尊严,追求精神的完整和美之对称"的残疾少女,与主人公相互映衬,使主人公形象更加丰满。

放飞思维

1. 女主人公在一只只从来穿过的左鞋上寄托了一种怎样的感情？

2. 作者在写女舞蹈演员的同时，还写了一位残疾女孩，这样写有什么作用？

3. 文题"生命的舞鞋"包含哪些深刻的含义？

空中飘浮的硬币

◆潘向黎

> 我们的心，只有注视着空中硬币飞来的一刹那，才会感到甜蜜与满足。可是当它向我们飞来时，谁能克制接住它的冲动呢？

我不太看电影。10年来看过的电影屈指可数。所以我清清楚楚地记得，有两部电影让我看得流泪，一部是《初吻》；一部是《幽灵》，又译《人鬼情未了》。

《初吻》里那种散发着乳香的眼神，那清新朦胧的光线，使我心里胀满了酸酸恻恻的柔情。出了电影院，附近正好是一个大食品店，正好是迎新年的大酬宾，我茫然地走进人山人海的食品店里，心里充满无名的委屈——好像一直是个一无所有的人，自己还浑不知情，刚刚被人当头棒喝了一样。忽然就流泪了。

《幽灵》里那首《奔放的旋律》现在是唱遍全球了。第一次听时，只觉得如泣如诉的歌声排山倒海地淹没了我，那时我在日本，看的是日文版，台词只懂一半，所以对英文的歌声感到特别亲切。第二次看时已经回国，看的是译好的，这回就比较注意画面与摄影了。当那枚硬币悬空向女主人公移去时，我的泪水终于决堤。

男女主人公是一对热恋中的恋人。男主人公遭人谋害死去，为查明真凶，他的灵魂继续留在人间。但是他对世间的一切都无能为力，也无法让别人听到看到感觉到自己的存在。最后，当女主人公身陷险境时，幽灵终于用意念的力量，驱使她熟悉的小硬币飞向爱人，证明了一切。

那一段摄影美极了。一枚硬币鬼魅般漂漂浮浮地移动着，女主人公先是吃惊地睁大眼睛，继而热泪盈眶，这时画面中只有她的双眸在闪闪发光，还有那枚充满痛苦与爱的硬币在空中，人间的一切都屏息凝神。当她终于伸出手接住硬币，并且对着看不见的爱人微笑时，忧伤的柔情令人荡气回肠。

那枚漂浮空中的硬币,美得神秘、浪漫、无法抗拒。

不禁觉得我们就是那个痛苦的幽灵。善良、单纯,渴望着爱,但我们对世界无能为力,难以证明自己,只有在爱人面前,我们能托起自己的小硬币,向对方证明些什么。

其实《幽灵》中的悲剧在现代社会是爱情悲剧中最美的一种。没有误解,没有厌倦,没有背叛,只有生死不渝的爱与默契。所以我们一边为他们哭泣,一边羡慕他们。

我们亲身的经历告诉我们,人间的爱情有太多的制约与考验。

首先是那不可知、不可避的"缘"。你不可抗拒它,它却可轻而易举地捕获、伤害你。即使有"缘",也未必有"分",而"缘"与"分"二者缺一都会令两个孤独的人无法相守。这是个冷酷的定律。

如果相爱并且可以相守呢?

是的,当我们惟恐空中的硬币消失,一起用双手紧紧抓住、握紧它时,那便是婚姻了。

似乎再没有什么可以抱怨了。可是疑问随之而来。我们的手握住硬币之后,那托着它的神奇力量呢?谁能判断它是否依旧存在?

如果失去那股力量,我们手中的小硬币便毫无价值,我们的举动便空洞可笑。我们为什么要将一枚普通的小硬币视若珍宝呢?

有一种假想可以安慰我们:那股力量依然存在。硬币没有落到地上,我们可以这样假设,然后心安理得。

可是,如果知道一松手,硬币必然落回尘埃,我们该怎么办?有没有勇气松手?之后又如何承受?

于是我们绝不松手。宁可一直为未知的真相困扰着。

在一些不幸的婚姻中,往往一方要求解脱而另一方不愿放弃。那是因为一个人松开了手而另一个仍死死抓住硬币——也许并非还爱着对方,只是拒绝相信那股托住硬币的力量已经消失,不愿面临那巨大的幻灭。

可是,执著的人因此得到什么?手中静止的小硬币又能说明什么?所有的坚持又有什么意义?

硬币只有在空中漂浮时,才能清清楚楚地证明爱的存在。

我们的心,只有注视着空中硬币飞来的一刹那,才会感到甜蜜与满足。可是当它向我们飞来时,谁能克制接住它的冲动呢?而——只有空中的硬币,才美得动人心魄——正如生命与爱情,美在无法永恒。

心灵体验

文章暴露了现代人渴慕着永恒却又不断拆解着永恒，向往美好却又对自己和他人缺乏信心，于是，还在没有开始之前就不断地辩解：这，是不可能的；那，不过是一个幻梦。为自己的软弱寻找着貌似充满哲理的借口，然后就是一边想着电影上美好的爱情，一边自怨自艾。

放飞思维

1. 这篇散文缘起于《人鬼情未了》中的哪一幅画面？
2. 文章暴露了现代人可悲的一面，可悲在何处？

从歌唱到皮鞭

◆刘洪波

> 人们的喜乐之心消失了，取代歌声的是鼓声，随鼓声而来的是皮鞭声。这伟大的工程在歌声中开始，在皮鞭声中完成。

《金字塔》是一部老电影，讲古埃及人修建胡夫金字塔的故事。

法老王胡夫下达圣谕：埃及将进行一项他国望尘莫及的工程，它将比世上任何其他建筑更伟大，你们将要从事一个人类从未做过的工作，建造最宏大的金字塔。为了这空前绝后的伟大工程，埃及人响应法老的召唤，从农村、树林、山谷和高原，投向他们神圣的劳务，同时吟唱着信心与喜乐之歌。他们信仰法老王的伟大，相信法老王将伴随太阳到永远，信仰给他们以力量和被奴役的欢乐。几年过去了，伟大的工程看来还遥遥无期，"金字塔的石块将以血泪来加固"。人们的喜乐之心消失了，取代歌声的是鼓声，随鼓声而来的是皮鞭声。这伟大的工程在歌声中开始，在皮鞭声中完成。

如果不是金字塔仍然屹立在那里，如果它的存在只是纸上的记录，任何人都有理由怀疑这样的建筑曾经存在。金字塔上每块重达5000磅的石料是怎样开采出来，又通过何种方式运到尼罗河畔，采用何种起重技术一层层垒上去，直至金字塔的顶端？这种困惑至今仍然存在，以至于有人设想乘着"众神之车"的外星人建造了这种"人类古代根本无法建造的工程"。倘若金字塔真是外星人所为，我们就不仅可以平息技术和科学上的困惑,而且将平息对古代埃及人无论是赞叹还是同情的情感。然而,靠"外星人"来解释"不可能",不过是智力上的穷途末路而已,正如过去人们无法解释世界的来历时归结于上帝的安排。

金字塔的存在,说明古埃及人也有着"什么样的人间奇迹都能创造出来"的素质。这个工程首先当然要归功于胡夫法老,是他首先勾画了"他国望尘莫及的工程"的蓝图,并领导了这伟大工程的建设;是他动员了全体臣民完成这个工程。这个工程成为胡夫时代埃及科学、工程、信仰、文化和政治力量的综合性标志。

我不太惊诧于古埃及人在工程和科学方面达到的水平,而更惊诧于他们在社会动员和组织方面的巨大能力。胡夫为了获得财富带领埃及人不断征讨,虽然胜利不能使埃及人获得任何报偿,但确实使他们产生了巨大的"胜利喜悦",这种胜利喜悦使他们感到幸福,更使他们感到法老王的伟大。现在神圣的法老王要修建"他国望尘莫及的工程",不管是为了什么吧,总归是再一次使埃及站在历史制高点的一个行动。何况给前所未有的伟大的法老王修建前所未有的大陵墓,不仅是理所应当,而且合乎他们关于"来生"的坚定信仰,法老死后可以与太阳同在,无异于他们死后可以仍然在胡夫的统治下生活。给胡夫修陵墓,就是给他们自己修建死后的都城。这就难怪他们要伴以"信心与喜乐之歌"的吟唱。

这群"在歌声中前进"的臣民们,确实大大加快了工程的建设。"只花了一年,圣地便已备好,第一层石料也已完成",于是"他们仍旧吟唱着"。然而工程是如此巨大,以至于挫伤了"投身伟大创造"的崇高感,使他们不再能够发出歌声。"与天地齐"的未来幸福毕竟替代不了现实中的劳役之苦。鼓声代替歌声,就是号令替代了"心愿"。当号令仍然无法保证完成"人类前所未有的工作"时,皮鞭就要登场。歌声、鼓声、皮鞭声,"前所未有的创举",就在这声音的流变中完成。

可以说,"前所未有的创举"实际上是一个巨大的画饼,它的壮美景象能够激发歌声,但这样的创举是需要靠皮鞭来完成的。当它在歌声中开场的时候,可以自诩为"人民(实为臣民)的意愿";当它不再是"人民意愿"的时候,皮鞭会出来说这还是他们的意愿,只是他们对自己的意愿失去了判断而已,他们的意愿只有胡夫才能知道和代表。金字塔终于造成了,无论石缝里凝结着多少血泪,"不可能的任务"终于完成。望尘莫及的工程、前所未有的创举,不过是胡夫的坟墓、尸体和随葬品的秘藏室,却耗尽了无数人的血汗和生命。

"记住他们在拉石块时如何吟唱",一个被奴役的臣民可能由衷地发出曼妙的歌声。前所未有、史无前例、空前绝后、举世惟一等等词汇冠之于某种东西上面,容易使奴隶产生美好的幻觉。哪怕比胡夫金字塔的创举要荒谬百倍千倍,给一点儿崇高感,奴隶都将感到幸福,他们自觉地投身于受奴役状态,当他们不再有歌声时,等待他们的也总是皮鞭。

心灵体验

这篇杂文是从一部老电影《金字塔》,由古埃及人修建胡夫金字塔的故事展开议论。文章结构相对简单,围绕电影中由歌声到鼓声再到鞭子的变化指出精神上受奴役的可怕。文章借题发挥,字里行间洋溢着自己的感情,有时如叙家常,有时又反话正说,暗含讥讽。

放飞思维

1.你了解古埃及金字塔的历史吗?古埃及人为什么要修筑金字塔?

2.一般人写到金字塔时,总是惊叹于它的雄伟壮观,然而,在本文中,作者却别具一格,想一想,作者的侧重点是什么?

生命的滋味

◆苏菡玲

生命是一列向着一个叫死亡的终点疾驰的火车,沿途有许多美丽的风景值得我们留恋。

只有一个真正严肃的哲学问题,那就是自杀。这是加缪《西西弗斯神话》里的第一句话。朋友提起这句话时,正躺在医院急诊室,140粒安定没有撂倒他,又能够微笑着和大家说话了。

另一位朋友肺癌晚期,一年前医生就下过病危通知书,是钱、药、家人的爱在一点一点地延长着他的生命。对于病人,病痛的折磨或许让他感到生不如死,对于亲人来说,不惜一切代价,只要他活着,只要他在那儿。

人无权决定自己的生,但可以选择死。为什么要活着?怎样活下去?是终生都要面对的问题。

有一个春天很忧郁,是那种看破今生的绝望,那种找不到目的和价值的空虚,那种无枝可栖的孤独与苍凉。一个下午我抱了一大堆影碟躲在屋内,心想就这样看吧看吧看死算了。直到我看到它——伊朗影片《樱桃的滋味》,我的心弦被轻轻地拨动了。

那时我的电脑还没装音箱,只能靠中文字幕的对白了解剧情。剧情大致是这样的:

巴迪先生驱车走在一条山间公路上,他神情从容镇静,稳稳地操纵着方向盘。他要寻找一个帮助埋掉他的人,并付给对方 20 万元。一个士兵拒绝了,一位牧师也拒绝了,天色不早了,巴迪先生依然从容镇静地驱车在公路上寻觅。这时他遇到了一个胡子花白的老者,老者给他讲了一个故事:我年轻的时候也曾想过要自杀。一天早上,我的妻子和孩子还没睡醒,我拿了一根绳子来到树林里,在一棵樱桃树下,我想把绳子挂在树枝上,扔了几次也没成功,于是我就爬上树去。正是樱桃成熟的季节,树上挂满了红玛瑙般晶莹饱满的樱桃。我摘了一颗放进嘴里,真甜啊!于是我又摘了一颗。我站在树上吃樱桃。太阳出来了,万丈金光洒在树林里,涂满金光的树叶在微风中摇摆,满眼细碎的亮点。我从未发现林子这么美丽。这时有几个上学的小学生来到树下,让我摘樱桃给他们吃。我摇动树枝,看他们欢快地在树下捡樱桃,然后高高兴兴去上学。看着他们的背影远去,我收起绳子回家了。从那以后我再也不想自杀了。生命是一列向着一个叫死亡的终点疾驰的火车,沿途有许多美丽的风景值得我们留恋。

夜幕降临了,巴迪先生披上外套,熄灭了屋内的烟,走进黑暗中。夜色里只看到车灯的一线亮光。然后是无边的、长久的黑暗……

天亮了,远处的城市和近处的村庄开始苏醒,巴迪先生从洞里爬出来,伸了个懒腰,站在高处远眺。

看到这里,我决定认认真真洗把脸,把鞋子擦亮,然后到商场给自己买束鲜花。

后来我曾经问过那位欲放弃生命的朋友,问他体验死亡的感觉如何。他说一直在昏迷中,没觉着怎么痛苦。倒是出院的那天,看到阳光如此的明媚,外面的世界如此的新鲜,大街上姑娘们穿着红格子呢裙,真是可爱。长这么大第一次发现世界是这样的美好。

世界还是那个世界,只是感受世界的那颗心不同而已。

患肺癌的朋友已经作了古,记得他生前爱吃那种烤得两面焦黄的厚厚的锅盔。每次看到卖饼的推着小车走来,就怅然,若他活着该多好!可惜那些吃饼的人,体味不到自己能够吃饼的幸福。

为什么要活着? 就为了樱桃的甜,饼的香。静下心来,认真去体验一颗樱桃的甜,一块饼的香,去享受春花灿烂的刹那,秋月似水的柔情。就这样活下去,把自己生命过程的每一个细节都设计得再精美一些,再纯净一些。不要为了追求目的而忽略过程,其实过程即目的。

心灵体验

樱桃的甜,饼的香,春花的灿烂,秋月的柔情,都是生命的滋味。美好的生活处处都在演绎着生命的美好的滋味,只要你认真去体验。

放飞思维

1.作者认为"人无权决定自己的生,但可以选择死",你同意这种观点吗?

2.影片《樱桃的滋味》中对主人公的命运结局并没有直说,从含蓄中,你得到了怎样的答案?

3.生命的滋味如何,一定因人而异,从你生命真实的角度阐述你的看法。

淘 金 记(节选)

◆[英国]卓别林

一个百无聊赖的淘金梦破灭者,来到光怪陆离、纸醉金迷的上流交际圈,他与交际圈的宠儿乔佳遭遇,发生了一段谐趣横生的故事。

景同前。

大雪覆盖的大街上,孤零零的查利背着一个小包,一只脚上仍然包着破毯子,茫然地站在那里。

画面的前方是挂着三个大球的当铺的招牌,查利稍微犹豫了一下便走进去。

经过千辛万苦之后,这就是他得到的惟一的黄金。(美术字幕)

景同前。

看光景查理是把毯子和旅行用具都当了,他从当铺空手走出来,站在门口数钱。(渐隐)

某夜的蒙的卡罗舞场。

舞场里。

右边是卖酒的大柜台,前景中是习见的那种圆桌和椅子。这是一个有回廊式楼厅的、在西部影片中很常见的那种舞场。许多舞客挤在一起跳舞。

乔佳也在这里。

乔佳穿着一身光闪闪的舞衣从二楼下来,她把从照相馆取来的两张照片递给一个青年看。

一张是穿着舞衣照的,一张是穿着外套照的。旁边的舞客和舞女们也都挤过来争着看,衣着华丽的贾克隔着别人的肩膀伸手抽去一张藏在背后。

乔佳生了气想要夺回来,结果照片被撕成两半,乔佳瞪了贾克一眼把照片丢在地上。

蒙的卡罗门口。夜景。全景。

七八个客人走进舞厅。查利被这亮光所吸引,一个人怯生生地走了进来。

和这种地方很不相称的他乡之客。

舞场里。

谁也不理这个流浪汉查利。彼此很熟的男女舞客,都各找各的伙伴,手携手地跳起来。一位漂亮的女人笑眯眯地向无精打采的查利走来,这完全出乎他的意料,他有些受宠若惊,不由得脱下帽子很有礼貌地迎上去。可是那个女人突然避开他,朝他身后的男人走去,她把手放在那个男人的胸脯上很亲热地聊天。查利为了掩饰这种尴尬的处境,挤在围着台灯而坐的客人们中间,侍者端过酒来,他很伶俐地从托盘里拿起酒杯一饮而尽。

乔佳很不高兴,她不招待舞客,一个人坐在一角,她的女友过来问她:

"今晚上你怎么啦?"

乔佳懒洋洋地答道:

"心里闷得很,我讨厌这个地方啦,连一个聪明漂亮的知心人也碰不上!"

乔佳站起来,昂首凝望着远方走开了。她前面是查利,查利以为方才碰见的那个漂亮的女人又来找他,因为过于兴奋,结果手足无措。他无意中发现脚底下有张纸,拾起来一看,原来是方才那个漂亮女人的照片。他打算把照片放进口袋,可是旁边的那个老头子用一副奇怪的表情望着他,他只好装作若无其事的样子,故布疑阵,居然瞒过老头子的眼睛,最后还是巧施计谋把照片放进了口袋。

服装华丽的贾克的餐桌。

桌子周围坐着许多女人,正在大吃大喝,因为只有乔佳不到他跟前来,他便招呼道:

"你怎么啦?可爱的顽固小姐!……"

乔佳毫不理睬,拂袖而去。

"算啦!到这儿来跟大家一起喝点儿吧!"

乔佳朝着放在舞场一角的钢琴走去。

"今晚上装得真够神气啊!"

贾克走过去拉住乔佳的手腕。

"喂,来吧,一块儿跳一场!"

乔佳挣脱开他的手,两肘支在钢琴上望了望四周,她看到查利靠着柱子坐在一个角落里。她招呼道:

"你过来一下!"

查利根本没有想到是在招呼他,所以只能装作没有听见,过了一会儿才明白的确是招呼他,便兴冲冲地恭恭敬敬地走上前。

"你不愿意和我跳舞?"

突如其来的荣幸,查利一时不知如何回答,他看了看贾克的脸色,随即非常愉快地答应她的要求。乔佳洋洋得意地对贾克说:

"你看,我自己找舞伴啦!"

乔佳和查利跳舞。查利异常得意。查利拾起照片时对他表示轻蔑的那个老头子,此时大为惊愕地望着他俩。查利正在兴高采烈地跳舞,不料那条肥肥大大的裤子渐渐地往下褪。他灵机一动,用手杖的弯柄从后面把裤子钩住,继续跳舞。贾克用嘲笑的眼光望着他哈哈大笑。这时,一个舞女走近跟前和乔佳谈话。查利乘此机会用桌子上的一条绳子把裤子束上。然后继续跳舞,但是这条绳子的另一头却拴着一条狗。狗被查利拖到跳舞的人群中,它也跟着人们兜圈子,恰巧这时它看见一只猫溜进来,便纵身一跃扑了过去,这样,一下子便把查利拽倒。他狼狈地站了起来,刚刚站起来又被拽倒。在哄然大笑声中,他苦笑着很利落地抽出旁边一个人的腰刀,顺手一挥割断绳子。

经过这一场混乱之后,乔佳不再继续和查利跳舞了,她打算从二楼的入口处到后台去。这时,她胸前的玫瑰花掉下来,查利赶上去拾起来交给她。乔佳吻了吻它,把它赠送给查利。贾克看了大为愤怒。他想把乔佳拉回来,查利连忙堵住门口挡住他的去路。但是对方毕竟是年轻力壮的小伙子,所以查利不免胆战心惊。贾克上前一推便把他推了个屁股着地,贾克把他像玩具似的耍弄了一通,逗得大家哄堂大笑之后,摆出要求跟他握手言和的姿势;等查利一伸手,却冷不防地把他那顶大礼帽使劲往下一扯,扣在他的下巴额上。查利慌慌张张地想要逃开,却一下子狠狠地撞在柱子上,把挂在二楼栏杆上的大挂钟震掉,正好砸在贾克的头上。查利从从容容地掀开帽子一看,只见贾克躺在地上一动不动,误以为被自己打败了,所以洋洋得意,分开人群昂首阔步大摇大摆地走出舞厅。(渐隐)

心灵体验

本篇节选的"蒙的卡罗舞场"这个场景,是影片《淘金记》中最经典的片断之一:一个百无聊赖的淘金梦破灭者,来到光怪陆离、纸醉金迷的上流交际圈,完全属于"他乡之客",他与交际圈的宠儿乔佳遭遇,发生了一段谑趣横生的故事。

放飞思维

1. 找出作品中写"笑"的句子,试分析一下,作品以哄笑来写查利的悲剧,有什么特殊的艺术效果?
2. 作品为什么把查利活动的场所安排在舞场里?
3. 试分析一下查利的人物形象。

就这样被你感动

◆邓　皓

> 一个美国青年,却在中国得到了人世间最珍贵的东西。我的心为之一颤,眼泪再一次不听使唤地流下来。

丁大卫是个美国人,我认识他是在电视上。

这天是 5 月 14 日早上。中央电视台《实话实说》节目组请到了丁大卫。我打开电视,就听到了丁大卫在与崔永元唠嗑。

崔永元老笑,而丁大卫很诚恳的样子。

丁大卫的故事是这样的:

5 年前,美国青年丁大卫来到中国。他到了中国一所最普通的郊区小学任教。因为做人与教学深得大家的喜欢,他后来居然当上了校长。大概是 1998 年底,想到中国西部去看一看的丁大卫来到了甘肃兰州。他到西北民族学院应聘当大学教师。

丁大卫不是一个能侃的人,机智的崔永元是这样"套"丁大卫的。

"丁大卫,你去大学应聘的时候,是不是这样说的:'我曾是一名小学教师,积累了一些教学经验,所以来你校应聘当大学教师?'"

没想到丁大卫这样回答:"大概就是这样的。"

大卫的话让现场很多观众会心地笑了。但,更有意思的还在后头。

学校给丁大卫的工资是每月1200元。大卫去问别人,1200元在兰州是不是很高了?别人说算是高的了。

于是大卫主动去找领导,要求把工资减到900元。学校一再坚持,大卫不让,说:怎么也不能超过1000元。最后,学校给他每月950元。

这段经历本来很好笑,但我注意到现场没有一个人笑。

崔永元问:"大卫,你每月工资够用吗?"

大卫说:"够了,我每月的钱除了买些饭票,就用来买些邮票,给家里打打电话,三四百元就够了!"我听观众中有不少人"哇"地一声发出惊叹。我知道是有人灵魂受到了触动了,而这种触动是我们的教科书和父母的教化所达不到的。

而真正让我感动的还是以下一幕:别出心裁的编导在做这一期节目时,让丁大卫带来了他所有的家当——

一只还不及我们平常出门旅游时背的那么大而"内容"丰富的帆布袋。而让我们怎么也想不到的是,这便是一个美国青年在中国生存5年积累下的我们肉眼看得到的财富。崔永元让丁大卫向大家展示一下他的家当,大卫脸红了一下,打开了他的帆布袋,里面的东西是这样的:

1.一顶大卫家乡足球队的队帽。他戴着向大家展示时,我看见了他眼里的骄傲。

2.一本相册。里面是他亲人、朋友,还有他教过的学生的照片。

3.一个用精致相框镶好的一家人温馨亲昵的合影(大卫从包里掏出时,相框面上的玻璃被压碎了,大卫的脸上露出不易察觉的心痛的表情。不一会儿,节目组的人把一个赶着去买来的相框送给了大卫。中央台这一看似平凡的举动令我感动和叹服,它那么及时地体现了善解人意的内涵和我们对外国人的尊重)。

4.两套换洗的衣服。其中有一件军上装——那是大卫爸爸年轻时当兵穿过的,整整40年了。大卫向观众展示时,很有些骄傲地说:"因为它漂亮啊!"

5.一双未洗的普通运动鞋——那甚至不是一双名牌球鞋,大卫将它拿出来的时候,说什么也不让崔永元碰一下,他说:"这鞋很臭的!"

6.几件以饭盆、口杯、牙刷、剃须刀为阵容的生活必需品。

7.一面随身带着的鲜艳的五星红旗。

当美国青年丁大卫将一面中国国旗打开，向现场的观众展示时，偌大的演播厅鸦雀无声，现场的乐队深情地奏响了《我的祖国》的旋律。

崔永元问大卫："你怎么会时时将五星红旗带在身边的？"

丁大卫说："我时时带着它就是为了提醒自己，我现在是在中国，我要多说美丽的中文；有人到我的房间里来，看着墙上挂着五星红旗，也会缩小我们之间的差距。再说，看到这面国旗，我就会告诫自己：你现在是一位中国教师，你要多为中国教书育人。"

丁大卫普普通通的话，让我从另一个角度认识了我们的国旗，也让我的眼泪不听使唤地掉下来。

当崔永元问丁大卫在中国感觉苦不苦时，丁大卫说，很好的，比如这次你们中央电视台就让我这样一个平凡的人来做嘉宾，而且还让我坐飞机，吃很好的饭菜。

我看到崔永元有些不好意思地脸红了，他幽默地说："我觉得你挺像我们中国的一个人——雷锋！"

丁大卫想了想，说："还真有点儿像。"大伙儿"轰"地一声善意地笑开了。"只是，雷锋挺平常的，他只是一个凭良心做事的人，这样的人不应该只有一个，每个人都应该做得到的！"他认真地补充着。

没有人再笑了，就连崔永元的脸上都显出了小学生般的表情。

节目快结束时，崔永元对丁大卫说："丁大卫，你听到过人家对你的评价吗？"丁大卫笑笑说："没有！"崔永元说："好，现在我们就让你来听听。"——我们于是看到了这样的一组外采镜头：

许多丁大卫的同事、丁大卫教过的学生以及学生家长在镜头前交替着出现，他们一一诉说着丁大卫的可敬与可爱之处，有的人情到深处时，甚至泪盈于眶。一个大学女孩对着镜头说："丁老师从来没骂过我，但我真的好怕他啊，因为，我怕看到他因我而失望的样子！"而最后我们看到的一个镜头是：丁老师教过的那所小学的孩子们，一个个争着抢到镜头前流着泪喊："丁老师，我们好想你啊，你回来教我们吧！"

我们看见，丁大卫不敢再看屏幕，他深深地把头埋下。一个美国青年，却在中国得到了人世间最珍贵的东西，我的心为之一颤，眼泪再一次不听使唤地流下来。

朴素的平凡的甚至不很英俊的丁大卫，你是我最好的老师，你给我上了最有教益的一课——这样的一课，课本上没有。

我不是个喜欢看电视的人，但2000年5月14日中央电视台的《实话实说》却会让我记住一辈子。

心灵体验

　　在看到本文之前,关于丁大卫很多读者几乎一无所知。从本文看,他也没有特别伟大的思想或者事迹。然而,他质朴的言语和举止,却让我们的心感到沉甸甸的。

放飞思维

　　1.崔永元展示丁大卫的家当,对表现他的品行有什么作用?他具有怎样的美好品德?

　　2.以丁大卫为例谈谈学习雷锋的意义。

　　3.作者看央视的《实话实说》节目被丁大卫感动了,你看这个节目时有没有被什么感动?

　　建筑是科学，建筑也是艺术。建筑是无声的诗歌，建筑是凝固的音乐。从千古谜团金字塔到金碧辉煌的凡尔赛宫，从雅致精巧的北京四合院到玲珑多变的苏州园林，我们无不看到历史的印记和社会发展的足迹，解读到人类的勤劳、智慧和对美的追求。

凝固的音乐

前人费尽心血和物资造成的东西，要认真鉴定，得出结论，拆是万不得已而为之。只要不妨害新事物，要尽可能地继续发挥其作用。

　　古建筑要尽量去保护，即使拆了重建，也应保持原貌。

展示华夏文化魅力

◆余 玮

> 贝聿铭不仅是杰出的建筑科学家,"用笔和尺"
> 建造了许多华丽的宫殿;他更是极其理想化的建筑
> 艺术家,善于把古代传统的建筑艺术和现代的最新
> 技术熔于一炉,从而创造出自己独特的风格。

夕阳映照下,位于北京长安街西单路口的中国银行总部大厦,显出惊人的气势与高贵的气质。大厦南面和东面两个入口各面宽 54 米,高 9 米,进深 14 米,上面的 10 层房屋是用两榀两层高的巨型钢架托起来的,下面一根柱子没有。大厦内部巨大的园林空间,通过层顶玻璃天窗和一面垂直透明的幕墙与室外联系,加上两侧玻璃大门的衬托,整个建筑显得晶莹剔透;而在夜里,厅堂内灯光闪耀,大厦更似一个充满诗意的水晶宫。好一个充满激情的几何结构!

这绝妙之作便出自世界顶级建筑大师、美籍华人贝聿铭先生之手。

在美国的建筑界初露头角

贝聿铭 1935 年远渡重洋,到美国留学。父亲原来希望他到英国学习金融,但他没有遵从父命,而是依自己的爱好进入美国宾夕法尼亚州立大学攻读建筑学,后又到麻省理工学院和哈佛大学攻读建筑专业。1948 年,纽约市极有眼光和魄力的房地产巨商威廉·柴根道夫打破美国建筑界的惯例,首次聘用贝聿铭为建筑师,担任他创办的韦布—纳普建筑公司的建筑研究部主任。柴根道夫和贝聿铭,一个是有经验、有口才、极其精明的房地产建筑商人,一个是学有专长、极富创造力的建筑师,两人配合,相得益彰,是一对事业上的黄金搭档。他们合作达 12 年之久。贝聿铭为柴根道夫的房地产公司完成了许多商业及住宅群的设计,也做了不少建筑物改建计划。其间,贝聿铭还为母校麻省理工学院设计了科学大楼,为纽约大学设计了两栋教职员工住宅大厦。这一切,使贝聿铭在美国建筑界初露头角,也奠定了他此后数十年的事业基础。

1960 年,贝聿铭成立了自己的建筑公司。他在建筑设计中最为人们称道的,是关心平民的利益。在纽约、费城、克利夫兰和芝加哥等地,他设计了许多既有建

筑美感，又经济实用的大众化的公寓。他在费城设计的三层社会公寓，就很受工薪阶层的欢迎。因此，费城莱斯大学在1963年授予他"人民建筑师"的光荣称号；同年，美国建筑学会向他颁发了纽约荣誉奖章。《华盛顿邮报》盛赞他的建筑设计是真正为人民服务的都市计划。

在非议之中屡创建筑奇迹

真正使贝聿铭声名远扬、跻身世界级建筑大师行列的，是约翰·肯尼迪图书馆的设计和建造。起初，肯尼迪家族在一大群应选的一流建筑师中，并没有太注意贝聿铭这位"初生之犊"，但当他生动地描述了根据建筑场地所作的设计，建筑材料的选用，以及如何赋予这座建筑物以特殊的目的和意义之后，深深地获得了肯尼迪遗孀杰奎琳的赏识。她断言："贝聿铭的唯美世界，无人可与之相比，我再三考虑后选择了他。"这座建造了15年之久，于1979年落成的图书馆，由于设计新颖、造型大胆、技术高超，在美国建筑界引起了轰动，被公认是美国建筑史上的最佳杰作之一。美国建筑界宣布1979年是"贝聿铭年"，授予他该年度的美国建筑学院金质奖章。

其实，在约翰·肯尼迪图书馆建成的前一年——1978年，华盛顿国家艺术馆东楼的设计建造成功，便已奠定贝聿铭作为世界建筑大师的地位了。为了使这座建筑物能够同周围环境构成高度谐调的景色，贝聿铭精心构思，创造性地把不同高度、不同形状的平台、楼梯、斜坡和廊柱交错相连，给人以变幻莫测的感觉。阳光透过蜘蛛网似的天窗，从不同的角度射入，自成一幅美丽的图画。当时的美国总统卡特在"东楼"的开幕剪彩仪式上，称赞它是华盛顿市和谐而周全的一部分，也是公众生活与艺术情趣之间日益增强联系的象征，称贝聿铭是"不可多得的杰出建筑师"。

巴黎罗浮宫玻璃金字塔是法国密特朗时代最辉煌的建筑。其设计别具匠心，整个建筑只有塔尖露出地面，被公认为当代建筑艺术最伟大的奇迹。这座位列"当代建筑的十大奇迹"之首的建筑同样是贝聿铭的得意之作。20世纪80年代初，法国政府广泛征求设计方案，应征者都是法国及其他国家的著名建筑师，最后由密特朗总统出面，邀请世界上15个声誉卓著的博物馆馆长对应征的设计方案遴选抉择。结果，有13位馆长选择了贝聿铭的设计方案。他设计用现代建筑材料在罗浮宫的拿破仑庭院内建造一座玻璃金字塔，且金属支架的负荷超过了它自身的重量。不料此事一经公布，在法国引起了轩然大波。人们认为这样会破坏这座具有800年历史的古建筑的风格，"既毁了罗浮宫，又毁了金字塔"。但是密特朗总统力排众议，还是采用了贝聿铭的设计方案。同年，贝聿铭获得了被称为建筑界诺贝尔奖的普茨克奖。如今，人们不但不再指责，而且如是称赞："罗浮宫院内飞来了一颗巨大的宝石。"贝聿铭设计的建筑作品在刚刚建成的时候，往往招来非议，但是不久又总是能够成为当地人的骄傲，或者那个城市的一个标志。这就是他的成功所在。

几十年来，贝聿铭在美国各地负责设计过许多博物馆、艺术馆、商业中心、摩天大楼、钟楼，甚至还有摇滚音乐厅，也在加拿大、法国、澳大利亚、新加坡、伊朗和北京、香港、台湾等地设计过不少大型建筑。他的足迹和作品可以遍及世界的各大城市，他是当之无愧的世界著名建筑大师。据粗略统计，半个世纪以来，贝聿铭设计的大型建筑在 100 项以上，获奖 50 次以上。他在美国设计的近 50 项大型建筑中，就有 24 项获奖。

多变的设计，不变的中国心

贝聿铭自赴美国求学，以后在大洋彼岸成家立业，功成名就，至今已 66 个年头，但他对中国的一片深情，依然萦系于怀。祖籍苏州、生于广州的他，常对人称是"苏州人"、"广州人"。夫妇俩至今仍能说一口流利的普通话、广州话、上海话和苏州话，平时的衣着打扮、家庭布置与生活习惯，仍然保持着中国的传统特色。

20 世纪 70 年代初，贝聿铭首次回到阔别近 40 年的祖国探亲观光，心中有无限的感慨。以后他又多次来到中国。他在海外曾深情地说过："我的根在中国。"

中国传统的建筑艺术，在贝聿铭的心中留有极其深刻的印象。有人曾问他："贝老，您相信风水吗?""建筑师都相信风水的，不是迷信的风水，风水有好几种，比如说我们建筑要摆房子，要背山傍水，这也是风水。我觉得风水我们应该相信的，可是风水要是弄得太过分一点儿，那就变成迷信了，这个我反对。"他这样坦诚地亮明个人的观点。苏州庭园的长廊曲径、假山水榭，尤其是建筑屋宇与周围自然景观相辅相成的格局，以及光影美学的运用，在他数十年的建筑设计生涯中，都有轨迹可寻，而坐落在北京香山公园内新建的香山饭店，更是他将现代建筑艺术与中国传统建筑特色相结合的精心之作。

1978 年，他谢绝了一个在故宫附近设计高楼的邀请，而选择了远离市区的香山饭店。他提出，应严格控制北京古城区的建筑高度，以保持从故宫向外平缓开阔的空间格局。接受了香山饭店的设计工作后，他作风一贯认真、细致，不但多次到香山勘察地形，攀登峰顶，俯览周围环境，而且不辞劳苦地走访了北京、南京、扬州、苏州、承德等地，考察当地的大建筑和园林，最后采取了建筑一系列不规则院落的布局方式，使它与周围的水光山色、参天古树融为一体。因此，这座新建的香山饭店，就像一个内秀的姑娘，初看似乎貌不惊人，但是愈看就愈会感到她轻妆淡抹的自然美。

与过去设计的那些摩天大厦相比，香山饭店的规模并不算大，但是贝聿铭说："香山饭店在我的设计生涯中，占有重要的位置，我下的功夫，比在国外设计某些建筑高出 10 倍。"他还说："我们不能每有新建筑都往外看，中国建筑的根还在，还可以发芽。当然，光寻历史的根还是不够的，还要现代化。有了好的根可以插枝，把新的东西有用的东西，接到老根上去。从香山饭店的设计，我企图探索一条新的道路：在一个现代化的建筑物上，体现出中国民族建筑艺术的精华。"

1984 年，贝聿铭为香港中国银行设计了一座 70 层的大厦。这是当时香港最高的建筑物，也是当时美国以外的世界最高建筑物。这固然因为他父亲是香港中国银行最早的创办人，他对这项建筑有一种亲切感，但他更强调的是："这座大厦在香港是中国的象征之一，应该让它'抬抬头'，要显示出点儿风格和气派，这也是中国的骄傲。"

建筑大师贝聿铭与法籍华人画家赵无极、美籍华人作曲家周文中，被誉为海外华人的"艺术三宝"。也许有人会说，建筑是科学，为何与艺术并列？但是世界建筑界人士都知道，贝聿铭不仅是杰出的建筑科学家，"用笔和尺"建造了许多华丽的宫殿；他更是极其理想化的建筑艺术家，善于把古代传统的建筑艺术和现代的最新技术熔于一炉，从而创造出自己独特的风格。

心灵体验

艺术属于文化的范畴，世界顶级建筑大师美籍华人贝聿铭建筑设计的独特之处在于他在设计中融进了中国——华夏建筑艺术的精华，他向全世界展示的是建筑的艺术，是华夏文化的魅力。

放飞思维

1. 归纳出贝聿铭设计的主要成就。

2. 对文题"展示华夏文化魅力"，你除了感到贝聿铭建筑艺术成就了不起外，还有哪些感受？

3. 你最喜欢哪一种艺术？文学还是音乐？绘画还是书法？戏剧还是影视？对你喜欢的某一类艺术，进行一次创作尝试。

啊，水明楼

◆陈根生

> 面对亮闪闪地盛满了700年前的勤奋、300年
> 前的坚贞，人们啊！我们一起权借这一片碧水涤一
> 下思绪，擦一次操守，净一回灵魂……

好一片粼粼碧波托起一叠青砖细瓦明式平房、一座木格绣楼，远看酷似一艘航船停泊在明镜之上！

是的，这是一艘航船。这艘航船从300年前烟雨迷蒙中驶来，载着一对颇有名气的才子佳人，载着他们旖旎的风流韵事。航船的男主人叫冒辟疆，与商丘侯朝宗、宜兴陈贞慧、桐城方以智人称明末四公子；女主人叫董小宛，与李香君、柳如是、陈圆圆……人称秦淮八艳。他们的航船驶过兵荒马乱，驶过风风雨雨，终于驶到了今天，成了我面前这座幽静雅致的水明楼。

今天，我一跨进这座题名来自杜工部"残夜水明楼"诗句的胜迹，雕屏檀榻就赶过来傍着你，花墙翠竹就赶过来挽着你，碑帖砖刻就赶过来向你炫耀，奇石盆景就赶过来向你撒娇……我还没听完橱窗里纸角泛黄的《水绘园诗文集》、《同人集》描述复社名士、诗坛盟主、抗清名将、评话大王……这群民族精英不与残暴的异族统治者合作的铮铮铁骨、遁迹山林寄情泉水的朗朗情怀，主人已经从画像上款款走下来。哦！这风流倜傥、气宇轩昂的一对儿啊！女主人那凤眼那樱唇那玉手，确实是美。那沾着女主人手温的琴台上至今悠悠回萦着她的一首《绿窗偶成》："病眼看花愁思深，幽窗独坐抚瑶琴。黄鹂亦似知人意，柳外时时弄好音。"转眼一阵阵荷香送来一阵阵抑扬顿挫："结庵在江海，寒月浪中生。叶落林愈秀，霜高户自清……"我放眼望去，水气氤氲中不是晃荡着男主人正背手吟哦诗作的孤傲身影？

谁能想到50米长10米宽的有限空间构筑得这么诗情画意，精美工巧！但我更欣赏这木结构的小绣楼，玲珑精致得如同一座放大了的黄杨木雕，人上去都生怕自己粗笨的脚板踩坏了这件艺术品。但我终不能免俗，惟恐错过过一把才子佳人瘾的机会。我走过珠帘轻掩，置身翰墨馥郁之中，一种粉红色的温馨感油然漫上心头。我推开窗棂伸手将对岸的假山、水榭、城堞拉进怀里。我俯身栏杆垂手掬一捧蓝天、白云、绿柳撮进嘴里。任清风徐来轻轻抚过每根神经、每颗细胞，听片片树影声声鸟鸣阵阵荷香从身边缓缓流淌。啊！好潇洒好浪漫好开心！于是不禁遥想当年烽火漫天的民族灾难中，两颗高洁的心灵相伴在这里寻到了一片宁静的绿

洲,琴瑟相谐,相濡以沫,依偎在一首首诗里,倾诉在一幅幅画里……人的一生关键往往就在一两步,在荣华富贵与民族大义二者之间他们毅然走向了后者。

记得著名园林专家陈从周说过:"水明楼在全国园林中虽不能说绝无仅有,但也是难得一见的。"我则以为水明楼的美大半美在一个"水"字上,所以我宁愿在这洗钵池边久久徘徊。这洗钵池啊,宋代大学者曾肇幼年在这里读书习字,写了多少篇文章,洗了多少回钵盂……700年过去了,怎么还是这么清澈这么澄碧?这水边也映照过多尔衮铁蹄纵横血泪烟尘,映照过"士之渡江而北渡河而南者,无不以如皋为归"的一度繁华一页辉煌,300年过去了,怎么还是这么清澈这么澄碧?如今我明白了,这是历史着意为后人提供一面人生的明镜!面对亮闪闪地盛满了700年前的勤奋、300年前的坚贞,人们啊! 我们一起权借这一片碧水涤一下思绪,擦一次操守,净一回灵魂……

啊,水明楼! 中国园林艺苑里的一首抒情短歌,一只微雕精品!

啊,水明楼! 我家乡文明中的一页锦绣华章,一朵美艳奇葩!

心灵体验

　　文中那"动中造境,画里传情"的艺术笔法深深地感染了每一位读者。作者远处着眼,动中落笔,让"一片粼粼碧波托起一叠青砖细瓦明式平房、一座木格绣楼","远看酷似一艘航船停泊在明镜之上",这一艺术文笔通过对300年前往事烟云的简笔勾勒,使"幽静雅致"的水明楼更具历史的厚重和文化的积淀。

放飞思维

　　1.文中作者着力描绘了哪三幅艺术画面?贯穿这三幅艺术画面的红线是什么?

　　2.水明楼"盛满了700年前的勤奋、300年前的坚贞"一句包含了哪些文化内涵?

苏州园林中的亭

◆马祖铭 李洲芳

平地建亭，组织风景画面，丰富园内空间平局；临水建亭，多为欣赏水景，丰富水面景色；山上建亭，主要是登山眺望，增添山顶景色。

亭在我国最早为通路设舍，系传递官府文书和信件的场所。汉朝开始有十里一亭、十亭一乡的建制，因而成为我国历史上建亭最多的朝代之一。因为亭的性格玲珑轻巧、活泼多样、轮廓优美，能给人以有亭翼然的美感，同时在建筑造向上又有多向多宜的特点，所以后来就成了园林风景中的重要点缀品。亭不仅为游人提供休息和观赏景物的方便，而且还能起到遮阳防雨和组织风景画面的作用。因而亭在苏州园林中得到广泛的应用。光拙政园一处就建亭十五座之多。

苏州园林中的亭式样繁多，常见的有构造简单、朴实大方的方亭，如拙政园嘉实亭。外形淳朴、柔和轻快的长亭，如怡园的四时潇洒亭。玲珑活泼、外形优美的六角亭，如网师园的月到风来亭。曲折多变、端庄稳重的八角亭，如西园的湖心亭。外观新颖、状如梭子的梭亭，如留园的至乐亭。狮子林有造型别致、小巧玲珑的扇亭。环秀山庄有造型独特的海棠亭，郊外天平山有两个方形平面组合为形如日升的白云亭。香雪海有梅花亭。西园有底面作平行四边形的半亭。还有把方亭或多角形亭的一半附筑在长廊或墙垣的一面上，使其占用地面不多，而能发挥它应有的作用，且有含蓄不尽之意的半亭，如拙政园的倚虹亭、网师园的冷泉亭、狮子林的听泉亭、怡园的玉延亭、沧浪亭的步石奇亭等等。

苏州园林中的亭大多系砖木结构。也有以石作柱的。为了达到防蛀拒腐、经久耐用的目的，全用花岗石砌的，有如虎丘山的两仙亭。

苏州园林中亭的主面有单檐、重檐之分。屋顶式样大多采用歇山式或攒尖顶。宝顶式样也屡见不鲜。

苏州园林中的亭常筑于平地、路旁、山上、池畔、水角、湖心，以及绿阴丛篁之间。平地建亭，组织风景画面，丰富园内空间平局；临水建亭，多为欣赏水景，丰富水面景色；山上建亭，主要是登山眺望，增添山顶景色，"孤亭高踞"起着收景的效果，加强了立体轮廓。因而亭常被安在景致最美的地方。

心灵体验

本文介绍了苏州园林中各式各样的亭：或"构造简单、朴实大方"，或"外形淳朴、柔和轻快"，或"玲珑活泼、外形优美"。此外还介绍了亭的造型、功能，让读者了解了更多亭的知识。

放飞思维

1.为什么亭会由"通路设舍"发展成为"园林风景中的点缀品"？

2.文章从哪一个角度来介绍苏州园林中的亭？

个 园

◆张阳德 李予

> 汇四季景色于一园之内，也许就是个园的奇妙之处吧。

在扬州城内寻觅，经过专营维淮细点的富春茶社，进入一条曲折幽长的高墙深巷，深巷尽头是一个藤萝阴翳的天井。这里就是个园，它是清代嘉庆道光年间江南大盐商黄至筠的私人花园。

大门是浑圆的月洞，两旁月台上满植纤纤翠竹，那扶疏的竹叶就像无数"个"字，园名即由此而来。据说黄至筠生平最爱翠竹，走遍天下寻觅珍奇竹种，个园极盛时期拥有150多个品种，现在仅存几十种。你看，一片嫩绿的竹丛，几支竹笋兀立其间，那挺拔的气势，生意盎然的神韵，时时刻刻昭示着春回大地新绿葱茏的信息。这里是个园的"春景"。

沿着曲径通幽的碎石甬道进入园内，西北面是一座玲珑剔透的太湖石假山，衔抱着一池碧水。据说黄至筠以船运盐，满船去，空船回，每到一地，就找几块奇石压船，这些石头运回来以后就在花园里堆叠成为假山。这座太湖石假山，峰峦层叠，石径逶迤，山下洞室可以穿行，拾级而上，经数转而达山顶，山顶有亭翼然。山石与天光云影倒映池中，清晰如画。池上架石桥，山下有涧谷，水中卧莲藕，四周绿树环匝，境界幽深清远，置身其中，清风送爽，大有出尘之感。这是个园的"夏景"。

园东与"夏景"隔楼相映的"秋景"是一座黄山石假山。整座山用粗犷的赭黄色巨石叠成，巍峨险峻。山上有三条磴道，一条经两折之后仍回原地，一条则逢绝壁而返,惟有中间一条,上通群峰之间下至山腹幽洞。夕阳西下,这组坐东朝西的群峰,每一块粗犷的赭黄山石都像镀上了一层淡金似的,恍若接天稻浪,雄浑、瑰丽,兼以古树老藤,更添了几分秋色。

最引人入胜的是个园的"冬景"。远远望去,宛如一群雪白肥壮的大狮子,有坐着的,有卧着的,有两两相对的,有簇聚成团的。原来这是一座宣石假山。宣石又名雪石,内含石英,石头表面像是蒙着一层薄薄的残雪。在这里,无论何日何时,都能看见一群狮子在雪地里嬉戏。狮形假山后面有一道白粉墙,墙上错落地排列着三排18个脸盆大小的圆洞。初见的人不识个中奥妙,待到三九寒天,尖啸的西北风撞在墙上,在18个圆洞之间连续折射穿越,便发生奇特的物理效应,整座粉墙就成为一架巨大的乐器,奏起苍凉沉郁的交响乐。"冬景"尽头的粉壁上有两个圆洞,从这里又可以窥见"春景"。

汇四季景色于一园之内,也许就是个园的奇妙之处吧。

心灵体验

中国的园林艺术在世界上独树一帜,坐落在扬州的个园也以自己的特色而闻名大江南北。本文抓住个园"汇四季景色于一园之内"的奇妙特征,按春夏秋冬顺序,介绍了个园的主要景物,特色鲜明,引导读者置身其中,得到美妙的艺术享受和精神陶冶。

放飞思维

1.作者是怎样抓住四景特点说明个园景致的?

2."秋景"和"冬景"部分都用了比喻,着重说明假山石的颜色,你认为作者运用比喻的形式有什么变化?

我国古代的几种建筑

◆郭黛姮

厅、堂、楼、阁、亭、榭、轩是我国古代建筑艺术
中传统的经典样式，是弥足珍贵的一笔文化遗产。

我们祖国的建筑，具有久远的历史和独特的艺术传统。在长期的发展演变中，我国古代宅第和园林建筑物，逐步形成了许多种各有特点的、有比较固定制式的类型，人们常常提到的有厅、堂、楼、阁、亭、榭、轩等。

厅

厅在古典园林或宅第中，多具有小型公共建筑的性质；它可以用来会客、宴请宾客、观赏花木，需要用较大的室内空间来满足接纳众多宾客的要求。因此，在建筑群中，厅的体量往往是最大的，门、窗等装修也是最考究的。厅的造型典雅端庄，前后多置花木、叠石，使人们在里面就能够欣赏园林景色。有些厅四面都开门窗，称为"四面厅"；有些厅由前后两幢长方形房屋并在一起，以增加进深、扩大室内空间，但两幢房屋的结构又常自成体系，称为"鸳鸯厅"。还有一些厅当中少用几根立柱，代之以自梁悬吊的木雕花篮，这就是江南园林或住宅中所特有的"花篮厅"。

堂

堂常常是对居住建筑群中正房的称呼。它是长者居住的地方，也常作为举行家庭重要庆典的场所。在离宫型园林中，供居住用的那一部分建筑也往往称为堂。如颐和园内光绪居住的四合院正房名为"玉澜堂"，慈禧居住的四合院正房名为"乐寿堂"。一些文士、士大夫喜欢把自己宅第的正房叫做堂，如"世伦堂"、"秉礼堂"、"慎德堂"等等，以标榜其风雅和有德。堂多位于居住建筑群的中轴线上，体型严整，整修瑰丽，一般作两坡悬山、硬山屋顶，偶有用歇山顶的。室内往往用隔扇、屏门、落地罩、博古架、太师壁等分隔空间。

楼

"重屋曰楼",这是古人常说的一句话,从古代建筑实例来看,这"重"字不限于两重,二层以上的就可称之为"楼"。楼有很广泛的用途,在宋画《清明上河图》中绘有作为商业建筑的茶楼酒肆;在明、清的住宅和园林中有作为卧室、书房和观赏风景的楼,如"见山楼"、"明瑟楼"、"听橹楼"等等。古代建筑中还有许多不同于前者的楼,如汉画像石所刻的大住宅旁的"望楼",北宋在汴梁城中所建监视火警用的"望火楼",古代城防工程中的敌楼、城楼,许多古城中的钟楼、鼓楼。它们虽然很高,但多数不是"重屋",下半部有的以木构架支撑,有的是夯土台或城墙。楼的体型繁简不一,人们常见的钟楼、鼓楼、城楼是较简单的型式,历史上曾出现过体型非常复杂的楼,如宋画中的黄鹤楼。类似这样的建筑今天已不多见,仅山西省还幸存有明、清所建的万泉飞云楼和介体玄神楼,是极宝贵的遗构。

阁

阁在古代往往是对收藏贵重文献的建筑的称呼。历代的寺院中常可见到"藏经阁"这样的名字;汉代曾建有藏书的"天禄阁"、"石渠阁";清代乾隆皇帝为收藏《四库全书》专门修建类似国家图书馆性质的"内廷四阁",即北京故宫的"文渊阁",沈阳的"文溯阁",圆明园的"文源阁",承德避暑山庄的"文津阁"。这四阁的建筑型式均仿宁波的私人藏书的"天一阁",作成长方形平面,两坡硬山顶,二层楼,阁的正面满开门窗,其余三面都是实墙。

阁在园林中不是藏经、藏书的,而是作观赏风景用的建筑。例如苏州"拙政园"的"留听阁",命名用了"留得枯荷听雨声"这句诗的意思,表明建它是为了欣赏荷花。在一些宗教建筑群中,供奉高大佛像的多层建筑也被称为阁,如辽代建筑的河北蓟县独乐寺"观音阁",明代建筑的广西容县"真武阁",清代建筑的承德普宁寺"大乘阁"、颐和园"佛香阁"等。它们的平面有长方形、凸字形、八角形,立面造型挺拔而庄重,是中国多层木构建筑的代表,其中"大乘阁"在现存木构建筑中高度居第二位(39 米多),"佛香阁"高度居第三位。

亭

亭是我国园林中几乎不可缺少的建筑,无论公园、私园,大园、小园,古园、今园,都可找到亭子。在我国古典文学作品中,有许多名篇描写了亭子,至今脍炙人口。亭既是供游人在内停留小憩的得景建筑，又是供游人自外观赏的点景建筑。例如苏州拙政园西部的"补园"，本来是另一家的园子，园内小山上有一座"宜两亭"，这个亭名据说寓意是"一亭宜作两家春"。登上这个亭子，就可以饱览两园春色。由于亭子是点景建筑，人们对它们的体型的推敲更为细致，总是力求完美。匠师们依据它们所处的不同自然环境，常把它们的平面设计成三角、四面、六边、八边、扇面、圆形、梅花等不同的形式，供人们欣赏。

榭

东汉末年刘熙著的分科词典《释名》中说："榭者，藉也；藉景而成者也。"这个解释点明了榭的含义。榭也属于园林中的得景建筑。它的突出特点是建在水边，往往从岸上延伸到水中。榭多是长方形或近于方形的单层建筑。结构轻巧，立面开敞。常用歇山屋顶。跨水部分由立在水中的石构梁柱支撑，临水的一面多不设门窗，而置带弓形靠背的坐凳栏杆，供人凭栏而坐。典型的实例如苏州拙政园的"芙蓉榭"，网师园的"濯缨水阁"，颐和园里谐趣园的"饮绿"、"洗秋"等都是。

轩

"轩"是古典园林中观赏性的小建筑，也是起点景作用的，但在轩中往往陈放简单家具，供人们饮茶、下棋、鉴赏书画使用，这是和亭不同的地方。轩可以露在水边，也可以隐于半山，建筑布局较为自由，风格也多轻盈疏朗。网师园的"竹外一枝轩"和颐和园的"写秋轩"，代表了私家园林和皇家园林中轩的不同形式。

轩还是江南民间厅、堂等类型建筑中的天花板装修的名称。这是一种以弧面向上凸起的天花，表面显露出一条条假椽，可以在两排纵列的柱子间形成一个单元。一座厅内如在进深方向五列柱子，则可出现四个单元，称为"四轩"。根据假椽弯曲的曲线形式不同，又有不同的名称，如弓形轩、菱角轩、鹤胫轩等。

从上述的几种建筑的用途与建筑形式看，有些是彼此相近的，例如厅与堂，楼与阁，亭与轩，因此有些园林建筑往往把名称搞混，如拙政园的主厅被称为"堂"。另外，有些建筑由于文人士大夫的随意题名，而把厅、堂类型的建筑称为轩、馆；如苏州留园的"五峰仙馆"、"林泉耆硕馆"，怡园的"藕香榭"，网师园的"小山丛桂轩"等，都属厅一类的建筑。

今天，对建筑的称呼，有的还保留着传统的含义，有的随着时代的变迁，含义已经发生了变化,如人民大会堂的"堂"就跟乐寿堂的"堂"大不相同了。

心灵体验

厅、堂、楼、阁、亭、榭、轩是我国古代建筑艺术中传统的经典样式,是弥足珍贵的一笔文化遗产。作者抓住了我国古代建筑的不同特点、不同用途,加以区分说明,充分显示了我国古代建筑的独特风格和艺术传统。了解这些知识,有利于提高读者的文化素养,增强艺术欣赏能力。

放飞思维

1.这篇文章在说明事物特征、安排写作顺序方面有什么特点?

2.作者介绍"留听阁"时,带出"留得枯荷听雨声"诗句,介绍"宜两亭"时,带出"一亭宜作两家春"诗句,它们带给你的感觉是什么?

故宫博物院

◆佚 名

封建帝王凭借着雄伟的建筑和精心的仪仗安排,来显示他们的威严,把自己神化为受命于天的真龙天子,以便巩固他们的封建统治。

在首都北京的中心,有一座城中之城,这就是举世闻名的紫禁城。现在人们叫它故宫。紫禁城是明朝和清朝两代的皇宫,是我国现存的最大最完整的古代宫殿建筑群,有500多年的历史了。这座封建帝王宫城,现在已经成为我国最大的博物院。

紫禁城有4座城门:南面有午门,北面有神武门,东西有东华门、西华门。整个宫城呈长方形,占地72万平方米,有大小宫殿70多座,房屋9000多间。周围环绕着10米多高的城墙,墙外是50多米宽的护城河。城墙的四角上,各有一个玲珑奇巧的角楼。故宫建筑群规模宏大,形体壮丽,建筑精美,布局统一,集中体现了我国古代建筑艺术的优良传统和独特风格。

从天安门往里走,沿着一条笔直的大道穿过端门,就来到了午门的前面。午门

159

俗称五凤楼,是紫禁城的正门。走进午门,展现在眼前的是一个宽广的庭院,弯弯的金水河像一条玉带横贯东西,河上是 5 座精美的汉白玉石桥。桥的北面是太和门,一对威武的铜狮,守卫在门的两侧。

过了太和门,就到了紫禁城的中心——著名的三大殿:太和殿、中和殿、保和殿。三座大殿矗立在 7 米多高的白石台基上。台基有 3 层,每层的边缘都用汉白玉栏杆围绕着,上面刻着龙凤流云,四角和望柱下面伸出 1000 多个圆雕龙头。龙嘴里都有一个小圆洞,是台基的排水管道;下大雨的时候,水从龙头流出来,就像是千百条龙在喷水。

太和殿也叫金銮殿,高 28 米,面积 2380 多平方米,是故宫最大的大殿。在湛蓝的天空下,它那金黄色的琉璃瓦重檐殿顶,显得格外辉煌。殿檐斗拱、额枋、梁柱,装饰着青蓝点金和贴金彩画。正面是 12 根红色大圆柱,金琐窗,朱漆门,同台基相互衬映,色彩鲜明,雄伟壮丽。

走进大殿,正中是一个约 2 米高的朱漆方台,上面安放着金漆雕龙宝座,背后是雕龙围屏。方台两旁有 6 根高大的蟠龙金柱,每根大柱上盘绕着一条矫健的金龙。仰望殿顶,中央藻井上有一条巨大的雕金蟠龙。从龙口里垂下一颗银白色大圆珠,周围环绕着 6 颗小珠,龙头、宝珠正对着下面的金銮宝座。梁枋间彩画绚丽,鲜艳悦目。红黄两色贴金龙纹图案,有双龙戏珠、单龙飞舞,有行龙、坐龙、升龙、降龙,多态多姿,龙身周围还衬托着流云火焰。

太和殿建筑在紫禁城的中轴线上,这条线也是北京城的中轴线,向南从午门到天安门延伸到永定门,往北从神武门到地安门一直到钟鼓楼,全长约 8000 米。象征着皇权的皇帝宝座,就在这条线的中心点上,表示一切以皇帝为核心,"普天之下,莫非王土;率土之滨,莫非王臣"。

太和殿是皇帝举行重大典礼的地方。皇帝即位、生日和元旦、冬至等都在这里举行仪式。每逢大典,殿外的白石台基上下跪满文武百官,中间御道两边排列着仪仗旗帜,皇帝端坐在金銮宝座上。大殿廊下,鸣钟击磬,乐声悠扬。台基上的香炉和铜龟、铜鹤里点起檀香或松柏枝,烟雾缭绕,笼罩着一层神秘色彩。封建帝王凭借着雄伟的建筑和精心的仪仗安排,来显示他们的威严,把自己神化为受命于天的真龙天子,以便巩固他们的封建统治。

太和殿后面是中和殿。这是一个亭子形方殿,殿顶把四道垂脊攒在一起,正中安放着一个大圆鎏金宝顶,轮廓非常优美。举行大典的时候,皇帝先在这里休息,并接受司礼官员的朝拜。

中和殿后面是保和殿。在清代,每年除夕,皇帝在这里举行大宴。这里也是科举制度的最高一级考试——殿试的地方。

从保和殿出来，沿着石级往下，是一片长方形小广场，西起隆宗门，东到景运门。它像是分界地带，把紫禁城分为前后两大部分。广场以南，主要建筑是三大殿和东西两侧的文华殿、武英殿，叫"前朝"，是皇帝行使权力的主要场所。广场北面乾清门以内叫"内廷"，是皇帝和后妃们起居生活的地方，主要建筑有乾清宫、交泰殿、坤宁宫和东西六宫。

乾清宫曾是皇帝的寝宫，清朝的时候，皇帝在这里处理日常政务，批阅各种奏报，后来还在这儿接见外国使节。

乾清宫后面是交泰殿，是册封皇后和皇后过生日接受朝贺的地方。现在这里陈列着 25 颗皇帝的玉玺、金印。

交泰殿后面是坤宁宫，原先是皇后的寝宫。到了清代，改为祭神和皇帝结婚的地方。

乾清宫、交泰殿、坤宁宫总称"后三宫"，布局和前三殿基本一样，但庄严肃穆的气氛减少了，彩画图案也有明显的变化。前三殿的图案以龙为主，后三宫凤凰逐渐增加，出现了双凤朝阳、龙凤呈祥彩画，还有飞凤、舞凤、凤凰牡丹等图案。

东西六宫是皇帝妃嫔居住的地方。这就是俗称的"三宫六院"。现在东六宫大都改为古代艺术品的陈列专馆，展出宫内收藏的绘画、陶瓷、青铜、工艺品等。西六宫基本上按原来面貌布置，使人们能看到封建时代的真实史迹和帝后的生活情况。

在这些宫中，最引人注目的是养心殿。从雍正到清末近 200 年间，封建帝王大都住在这里。养心殿就成了他们日常统治活动的中心。皇帝常在这里召见大臣，发号施令。统治者多次在这里策划如何对内镇压农民起义，对外投降和勾结帝国主义。1840 年鸦片战争以后的一系列使中国沦为半殖民地的不平等条约，都是从这里发出"上谕"签订的。1911 年辛亥革命推翻了清王朝的统治，皇帝宣告退位的诏书也是在这里决定签署的。

养心殿东间，一前一后摆着两个宝座，当中挂着一个黄色的帘子，这就是西太后那拉氏慈禧实行"垂帘听政"的地方。当年 6 岁的同治、4 岁的光绪两个小皇帝，就先后坐在前面宝座上充当傀儡，由慈禧在幕后操纵。专横的西太后慈禧当政专权 40 多年，干了大量祸国殃民的事情。

从养心殿往北，一个宫院连着一个宫院，幽雅宁静，其中长春宫和储秀宫是慈禧住过的地方。现在储秀宫的陈设，就是按慈禧 50 岁生日时的情景布置的。1884 年正当帝国主义入侵，中国人民处于水深火热之中的时候，慈禧却为自己的生日大肆挥霍，光是储秀宫、翊坤宫两处的装修和对臣仆的赏赐，就花了 100 多万两银子。

从储秀宫出来，向东走不远，就是御花园。御花园面积不很大，有大小建筑 20 多座，但毫无拥挤和重复的感觉。这里的建筑布局，环境气氛，和前几部分截然不同。亭台楼阁、池馆水榭，掩映在青松翠柏之中；假山怪石、花坛盆景、藤萝翠竹，点缀其间。参观的人来到这里，仿佛进入苏州园林。

从御花园出顺贞门，就到了紫禁城的北门——神武门，对面就是景山。景山是明代修建紫禁城的时候，用护城河中挖出的泥土堆起来的，现在成了风景优美的景山公园。站在景山的高处望故宫，重重殿宇，层层楼阁，道道宫墙，错综相连，而井然有序。这样宏伟的建筑群，这样和谐统一的布局，不能不令人惊叹。

紫禁城也是一个文物宝库。故宫博物院收藏的文物有绘画、书法、雕塑、铭刻、铜器、陶瓷、织绣，有宝石、珍珠、翡翠、珊瑚，有钟表、古玩、金银器皿等等，应有尽有，共 90 多万件。故宫还保存了 900 多万件明清两代的档案资料，这是研究 15 世纪初到 20 世纪初 500 多年中国历史的重要原始史料。

故宫是我国古代劳动人民血汗和智慧的结晶。据记载，明朝初年，为了修建这一座宫城，曾经"役使十万工匠和百万夫役"，从永乐四年（公元 1406 年）开始修建，到永乐十八年（公元 1420 年）基本建成，整整花了 14 年时间。后来又多次重修、扩建，耗费的人力物力难以统计。明朝万历三十七年（公元 1609 年）重修三大殿，仅采木一项，就费银 930 余万两。近百年来，由于反动统治者腐朽昏庸，帝国主义野蛮侵略，紫禁城遭到空前的浩劫。到解放前夕，这座美丽的宫城已经变得残破不堪，满目凄凉。

解放后，人民政府对故宫进行了修缮和保护。而今，故宫博物院已经成为人们参观、游览的胜地，它每天吸引着国内外成千上万的游人，焕发了新的光彩。

心灵体验　　故宫博物院是我国现有的完整的古代帝王宫殿建筑群。本文作者抓住说明对象的特点，巧妙地按照空间顺序来介绍这个"中国数千年宫殿建筑艺术的总结性杰作"。作者带着热爱的感情，赞颂了建筑文物的精美、劳动人民的智慧、重要的历史价值。

放飞思维　　1. 文中不少词语，如"傀儡"、"祸国殃民"、"玲珑奇巧"、"雄伟壮丽"等，褒贬色彩鲜明。这些词语表达了作者怎样的思想感情？

2. 故宫博物院建筑群规模宏大，作者是按照怎样的顺序来介绍这个建筑群的？作者为什么这样安排写作顺序？